大家自述史系列

金岳霖回忆录

JINYUELIN HUIYILU

金岳霖 著
刘培育 整理

北京大学出版社
PEKING UNIVERSITY PRESS

图书在版编目(CIP)数据

金岳霖回忆录 / 金岳霖著；刘培育整理. —北京：北京大学出版社，2022.4
（大家自述史系列）
ISBN 978-7-301-32811-8

Ⅰ.①金… Ⅱ.①金…②刘… Ⅲ.①金岳霖(1895—1984)－自传 Ⅳ.①B261

中国版本图书馆 CIP 数据核字(2021)第 274331 号

书　　　　名	金岳霖回忆录
著作责任者	金岳霖 著　刘培育 整理
策 划 组 稿	王炜烨
责 任 编 辑	王炜烨　魏冬峰
标 准 书 号	ISBN 978-7-301-32811-8
出 版 发 行	北京大学出版社
地　　　　址	北京市海淀区成府路 205 号　100871
网　　　　址	http://www.pup.cn　电子信箱 zpup@pup.pku.edu.cn
电　　　　话	邮购部 010-62752015　发行部 010-62750672　编辑部 010-62750673
印 刷 者	北京中科印刷有限公司
经 销 者	新华书店
	850 毫米×1168 毫米　32 开本　10 印张　139 千字
	2022 年 4 月第 1 版　2022 年 10 月第 2 次印刷
定　　　　价	66.00 元

未经许可，不得以任何方式复制或抄袭本书之部分或全部内容。
版权所有，侵权必究
举报电话：(010)62752024　电子信箱：fd@pup.pku.edu.cn
图书如有印装质量问题，请与出版部联系，电话：010-62756370

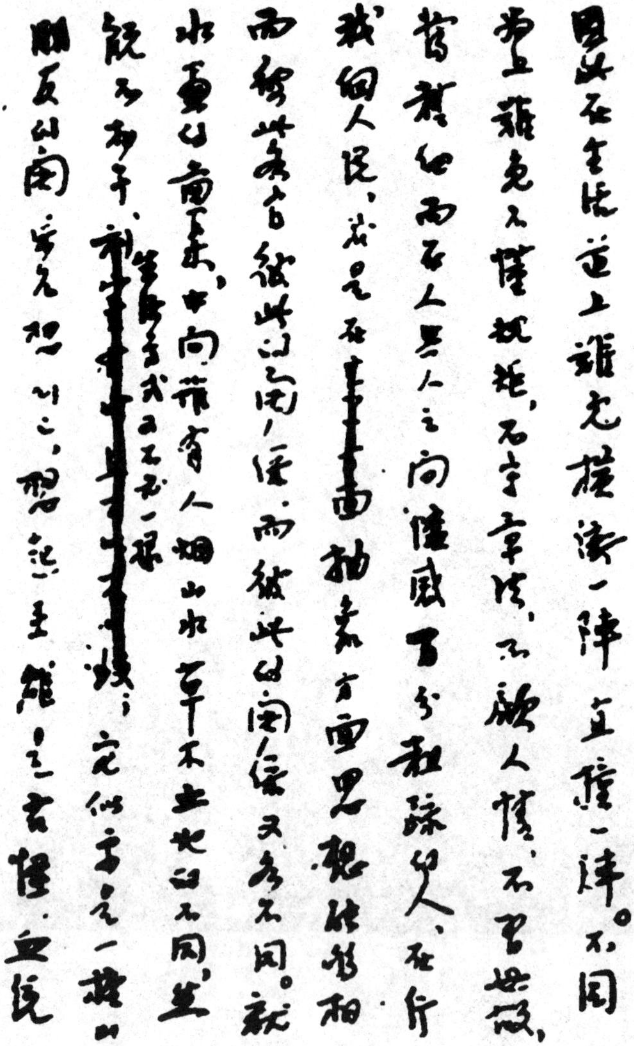

金岳霖手迹。

老朋友姜丕之要我写回忆录,说过几次,我都没有同意。理由是我认为我的工作限于抽象的理论方面,没有发生过什么特别的事情,没有什么可忆的。

这句话也对也不对。

同我同时代的人作古的多。我的生活同时代分不开,也就是同一些新老朋友分不开。接触到的还是有东西可以同大家一起回忆回忆。

目 录

第一章

第一节　我的老家庭 / 003

第二节　我出生在有被瓜分恐惧的时代 / 007

第三节　我的小学和中学 / 014

第四节　在清华学堂 / 018

第五节　到美国留学 / 028

第六节　由学商业转学政治 / 034

第七节　资产阶级学者费力研究的学科 / 041

第八节　到英国我进入了哲学 / 046

第九节　回国后教逻辑 / 051

第十节　参加《哲学评论》的工作 / 053

第十一节　清华琐忆 / 057

第十二节　谈谈我的书 / 067

第十三节　我的客厅 / 071

第十四节　我忘记了自己的姓名 / 082

第十五节　我做吴宓的"思想工作" / 083

第十六节　我坐办公室而"公"不来 / 087

第十七节　我接受了革命哲学 / 092

第十八节　我对政治是"辩证的矛盾" / 100

第十九节　民盟与我的思想改造 / 108

第二十节　我没能成为公而忘私的共产党人 / 118

第二章

第一节　我喜欢作对联 / 125

第二节　我喜欢山水画 / 131

第三节　我对古树有兴趣 / 144

第四节　我喜欢栀子花 / 151

第五节　斗蛐蛐 / 161

第六节　车是极端重要的 / 166

第七节　中国菜世界第一 / 170

第八节　我有次想"自寻短见" / 179

第九节　我更注意衣服 / 182

第十节　我养过黑狼山鸡 / 188

第十一节　我最爱吃"大李子" / 198

第十二节　我欣赏的甜 / 203

第十三节　我对猫的认识 / 206

第三章

第一节　同毛主席吃饭 / 217

第二节　向周总理学立场 / 221

第三节　最好的榜样艾思奇 / 225

第四节　"大人物"章士钊 / 229

第五节　最亲密的朋友梁思成、林徽因 / 232

第六节　最老的朋友张奚若 / 238

第七节　我和钱端升家常来往 / 247

第八节　周培源、王蒂澂要同时写 / 253

第九节　陈岱孙很能办事 / 257

第十节　渊博正直的陈寅恪 / 262

第十一节　陶孟和领我吃西餐 / 272

第十二节　黄子通最得意董其昌的画 / 275

第十三节　我与张东荪的好与不愉快 / 277

第十四节　儒者林宰平 / 281

第十五节　最雅的朋友邓叔存 / 285

第十六节　嗜好历史的黄子卿 / 290

第十七节　我不大懂胡适 / 293

整理者说明 / 301

第一章

第一节
我的老家庭

我的老家庭是清朝后期的洋务派的官僚家庭。父亲是浙江人,在湖南做小官,可能是一个知府级的官。他官虽小,可是后台有人,不然不会到黑龙江穆河去当金矿局的总办。在总办任上,他被抓到俄国的圣彼得堡。后来很快就回到了长沙。

他培养他的大儿子的办法完全是传统的,走入学、乡试、会试、廷试的路。可是,大哥只走到举人这一阶段就打住了,死了。父亲要他自立,他就到外县去当家庭教书先生,不久死于住所。二哥呢,父亲把他送到上海圣约翰大学去读书。这是明显的转变。更突出的是,父亲把我的三哥送到黑龙江北岸的海兰泡,显然是要三哥去学些工程技术性的东西的。他是十足的洋务派。

四、五两个哥哥可能是我的母亲去安排他们的前途的。这我不清楚了。

金岳霖

>>> 金岳霖的老家庭是清朝后期的洋务派的官僚家庭。他的父亲是浙江人，在湖南做官，后来到黑龙江穆河当金矿局的总办，任上被抓到俄国，后来又很快回到了长沙。图为青年时代的金岳霖。

虽然我的母亲、舅舅、舅母都是湖南人,我可不能因此就成为湖南人。辛亥革命之后,以中山先生为首的政府很快就颁布了一部法律,内中有一条说在什么地方生长的就是什么地方的人。按照这个标准,我是湖南人是毫无问题的。

封建制度之下的兄弟不能成为朋友,六个年纪比我大的哥哥当然都不可能是我的朋友。这也就是说,年纪相差最小的哥哥——六哥也不能成为朋友。六哥比我只大几岁,淘气的时候也让我参加,在雅礼学校读书的时候也是同学。尽管如此,我们不是朋友。他比我大,管我。1913年,他在当时北京东城外的二闸淹死了。事实上,在这一年我已经是独立于封建家庭的人了。

>>> 金岳霖的六哥比金岳霖只大几岁,淘气的时候也让金岳霖参加,在雅礼学校读书的时候也是同学。雅礼学校初创时,称为雅礼大学堂。图为雅礼大学堂的毕业生。

第二节
我出生在有被瓜分恐惧的时代

清末有两个由南到北的政治运动：一是改良的，一是革命的。后来改良的失败了，革命的成功了。有一个文化移动，早就发生，可是清末时加速了。这个移动是由东向西的，很可能是由于长江水运加速而文化移动也加快了。加上武汉的影响，湖南成为一个朝气蓬勃的地区。这时湖南人的雄心壮志是了不起的。

我们房子的西边就是玉皇坪广场。在这个广场上经常有学生结队做体操，同时也唱歌。头一首歌是：

　　学友们，
　　大家起来，
　　唱个歌儿听，
　　十万军人，

>>> 清末有两个由南到北的政治运动：一是改良的，一是革命的。后来改良的失败了，革命的成功了。图为失败的戊戌变法运动。

金岳霖回忆录

雪岳霖

>> > 清末有两个由南到北的政治运动：一是改良的，一是革命的。后来改良的失败了，革命的成功了。图为孙中山和他的战友们。

狠狠狠,

好把乾坤整。

下面还多得很,更有甚焉者,有人唱:

中国若是古希腊,

湖南定是斯巴达;

中国若是德意志,

湖南定是普鲁士;

若谓中国即将亡,

除非湖南人尽死。

余生也晚,没有赶上上面说的朝气蓬勃的时代,反而进入了有瓜分恐惧的时代。这时,湖南是在对英、日的恐惧之中。航运交通差不多完全为英、日"火轮船"所垄断。我的大哥和二哥的分别是最好地反映了时代的分别:大哥是清朝的"举人",二哥是上海圣约翰大学的毕业生。二哥是经常要坐轮船到上海去的。可是那时候轮船都是洋行所有的,不是英国的就是日本的。英国的船公司叫怡和公司,船停的地方叫怡和码头。日本的船公司的名字我记不得了。大概二哥坐的主要是英国船。这时候,就产生了对英、日瓜分的恐惧。中国已经被瓜分成为各国的势力范围。湖南和长江下游都属于英、日范围,云南是法国的势力范围。德国和山东好像是以后的事。

>>> 金岳霖的大哥与二哥的分别,最好地反映了时代的分别:他的大哥是晚清的"举人",二哥则是上海圣约翰大学的毕业生。图为原上海圣约翰大学。

第三节
我的小学和中学

那时候,学校和教育好像还不是一个势力范围,学校是私立的。我小的时候进的是私立的明德学堂,是胡子靖胡九先生办的。他办这个学堂很吃力,很费工夫。胡先生花自己的钱可能就不少,但是,总还是要靠捐款,有的时候学生也参加捐款工作。我就参加了欢迎大官僚袁海观的会,据说那一次袁海观就捐了1万块钱。

胡先生有时也浪费。他盖了一座三层木头架子的楼房,我们这些小学生要到三楼去上课。那个楼房有点摇摆,后来只得放弃。可是,在那个楼上可以看见英国和日本的火轮船。

上面有一句话,"学校和教育好像还不是一个势力范围"。这句话当然是有文章的。学校和教育当然也是一个势力范围,而美国人就到湖南来占领这个势力范围,在中国的雅礼大学(以

>>> 那时美国人来湖南占领教育势力范围,雅礼大学就开张了。图为雅礼大学的创始人。

后改称为雅礼学校)就在这里开了张,校址是在坡子街。学校有圆柱大厅住房,好几进,并有楼房的旧住宅。人多一些的体育运动要到湘江中的水陆洲去。跑百米最快的是周琦。监督当然是美国人,他住在偏院的楼房上。还有一位美国教员住在住房最后一进的后楼上。医生不住在坡子街,住在南正街。这三个美国人在那个时候就这样在学校教育范围内建立了一个阵地。建立这个阵地是美国一个大学的事,是民间的事。从法律上说,似乎应做这样的理解。这个阵地的教会或宗教气味很重。但是办学校总是好事不是坏事;是花钱的事,不是赚钱的事。有一次监督要回美国去,李昶同学写了一篇长诗送行,最后两句是:"何时玉胀兮□□临乎敝邑,欢迎而歌兮响震乎千山之穴。"显然这不是开火轮船赚钱所能办到的。

>>> 青年时期的金岳霖。

第四节
在清华学堂

学校教育这一势力范围的占领是头等重要的大事。头一点要强调,它的对象是青年,不是老年。老年就是争取到了也没有用。要占领的是青年的什么呢?意志、情感、思想,或者两个字"灵魂"。古人对于这两个字是有某种迷信的,这里的意义只是前三者的代名词而已。前三者非常之重要,占领了它也就是占领了整个的人。这也就是说,这一势力范围的占领制造了许多黄脸黑头发而又有中国国籍的美国人。当然这只是极其初步的美国人,单靠在中国办学校也只能做到这一点。

后来,美国政府也加入了这个势力范围的占领。这可能是老罗斯福——长岛(纽约东边的长岛)的罗斯福,不是纽约州黑德笙(现译为哈德逊)公园的福兰克林·罗斯福。老罗是一个冲锋陷阵的角色,在古巴打过仗,在非洲打过猎,可是有武也有文。

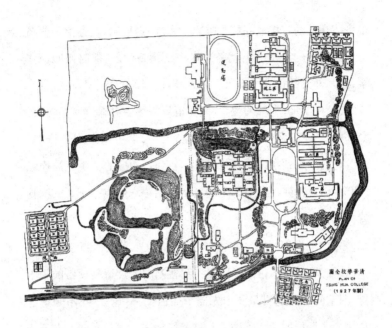

>>> 美国退回赔款,办留美预备学校。清华的最初历史就是这样一个预备学校。图为20世纪20年代的清华校园图。

很可能在他的直接或间接影响之下,美国退回赔款,办留美预备学校。清华的最初历史就是这样一个预备学校(那时候叫清华学堂)。外交部设立了游美学务处,以该部的左丞(或右丞)周自齐为总办,学部(当时的教育部)的范源濂为会办兼学堂监督,外交部的唐国安为会办兼学堂副监督。入学考试由周自齐"点名",到的学生站在广场,唱到学生名字时,相应的学生就高声喊"到"。周自齐就在那个学生的名字上用银珠红点一下,如此,他就"正式"入场了。

重要的东西是头一场考试:国文、算学、英文。英文我觉得不怕,算学靠运气,怕的是国文。我在湖南考过留美预备的中等科,湖南的国文题目是《"士先器识而后文艺"论》。我不知道这是唐朝裴行俭的话。落选。北京考场的国文题目是《"人有不为而后可以有为"议》。这就好办。算学的运气好,题目极难,考生大都做错,我当然也做不出。题目是一位顾先生出的。我考取了。第二场考试的题目很多,可是,显然不重要。头一场考试得第一的是侯德榜。此公后来学化学,在天津工作,解放后仍在天津工作,并且还随团体到外国去过。

那时候清华学堂的伙食(即现在称之为饭菜的那东西)糟得很,四大碗、四大盘全是肉。外省来的学生吃不惯,富裕一些的学生不食,等学监走后,炒鸡子(鸡子即蛋,那时不叫"蛋")。我讲实话,还受到批评。一天,长沙雅礼学校的美国人胡美来参观。学堂的监督已经是周贻春。

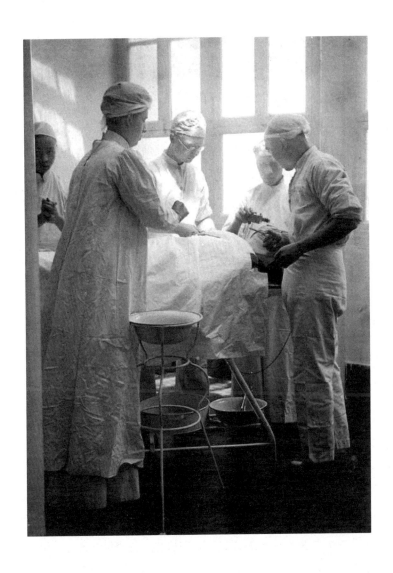

>>> 金岳霖在清华读书时,长沙雅礼学校的美国人胡美曾来参观。图为民国初期胡美和他的同事进行外科手术。

胡美问我伙食吃得来吧？我说"不好，吃不来"。胡走后，周贻春还狠狠地批评了我。这一段说的事要晚一些，可我说不清晚多少。范源濂做监督的时间不长，他很快就成为大人物了，成为南北和谈中的使者了。

提起范先生，使我想到一件很特别的事。这就是地方话的问题。在清末民初，方言问题相当大。一般地说，福建人或广东人学北京话学得最好。发音相近的反而成绩差些。从前曾有流行的话，说"天不怕，地不怕，只怕山东人说北京话"。也有成绩不高而自负的人。范先生说一口的湖南长沙话，可是他对我说："我们没有这个问题，我们说一口的北京话。"

我到清华教书不久，有一次开学典礼是教务长郑桐荪先生主持的。用现在的话说，"报告"是他作的。礼毕，我们走在一块，他问我听得清楚否？我说"清楚，虽然你说的是上海话"。他大惊："啊！我还有口音呀！"这句话仍然是用上海口音说的。

在清华没有多久，南方革命了。清华的学生走光了。我是高等科的最后一个。学校不开饭了，我非走不可。我到税务学堂我六哥处。做事情不考虑时机也是怪事。我把辫子剪掉了。进城我要经过庆亲王府，大门外的兵盯着我看，但是也没有管我。到了城里，才知道税务学堂没有停办。六哥留京，我应回湖南去。路费怎么办呢？想法子，找长沙郡馆。我们这些人就聚集在街旁一块空地上，派三个代表去找郡馆负责人。后来知道他是湖南的小京官郑沅。我的六哥是三个代表之一。不久六哥就回来了，说："他们

>>> 金岳霖说清华曾说的伙食"不好,吃不来"。周贻春还狠狠地批评了他。图为周贻春像。

>>> 范源濂做监督的时间不长,他很快就成为南北和谈使者,后来两次出任教育总长。图为1923年范源濂(后排右八)在比利时沙洛瓦劳动大学与中国留学生合影。

要我回来,时间可能要长一些,只好耐心等。"等了好久之后,那两个人还不回来。我们又要六哥去找那两个人。六哥跑了回来说,那两个人走了,钱也拿走了。看来六哥同我都是既容易欺以其方,又容易"罔以非其道"的那时候的知识分子。

那时候,非常之乱。我只知道离北京的乱,没有经验过由南回北京的"乱"。离北京时乱得出奇。从北京到天津的途中,我同一群马在一个露天的车厢里,彼此相安无事。海船上只开两次饭,饿得难受,只好每次吃两份,吃了一份之后马上就从另一门进去,再吃一份。从上海沿长江而上,在城陵矶下船。下船就吓坏了,岸边挂了一个人头。无论如何很快就到了家。那时候,我家已乡居,打听消息不好办。不久后,有一消息说,"孙大总统南京坐殿"。这样,我也进了城。在城里碰见雅礼同学张逸。他肩上挂了一条红绸长条,说"巡逻巡逻"。不久我又回到清华。可是,北京是什么样的北京,我说不清。只能说一点,北京仍然是清朝的。一个证据是,我在高等科食堂前看见了孙宝琦,他是外交部的大官,可能是尚书,也可能已改成"大臣"。特点是他穿了一身英国官员的礼服。

回到清华之后,情况和上次完全两样了。美国来的教员很多,他们差不多全是年龄不大的美国大学毕业生。他们都住在东北角的小房子里,除了教课外,当然教我们学习美国人的生活方式。后者,特别是星期六晚上的会,在这些会上很多次是学生用英文辩论,或者用英文进行演说竞赛。

金岳霖

>>> 孙宝琦曾任北洋政府代理国务总理。金岳霖在清华高等科见到他时,他穿了一身英国官员的礼服。图为孙宝琦在外交场所的留影。

美国人占领了教育这个势力范围,而又能使中国人不感觉到它是占领。甚至本来是美国替中国培养知识分子的事,到了"美籍华人"时代也可以说已经变成了中国替美国培养知识分子的事了。也许有人会说,不对,他们的知识分子是在美国得到的,不是从中国带去的。不错,就知识的来源说,确实如此。但是,知识分子的头等重要问题是为谁服务的问题。就阶级说,问题是清清楚楚摆着的。有些美国人听见"阶级"两个字就不高兴。不摆阶级吧!就这一或那一听讲受教的人说,他们也不是姓赵钱孙李的人,而是 Dick 或 Hass。显然,现在的美籍华人是中国替美国培养的知识分子。这就是说,他们是美国的知识分子,我们从优招待是应该的。

第五节

到美国留学

1913年我六哥的死,对我是很大的打击。他在我的兄弟中是我最好的朋友。

1914年我到美国去了。

到美国费城后不久,我就幸运地住到故德瑞利区(Goodrich)家里。她家那时只有她这老太太和她的女儿,丈夫曾经在一家保险公司供职,早已过世。女儿是大学毕业生,比我大十岁,有对象在纽约。这家的房子是三层小楼,底层大房间是客厅,二楼临街的一间好房子租给学生,已住有人,我住三楼一间小房子。老太太对我可以说很优待,总说我远离父母,可怜。我也待她像母亲一样。我从1914年秋到1917年夏天毕业,都住在她家。我那时以为她们与政治不相干,其实那是错误的,她们只是不"玩"政治而已。她们常接待的朋友有两家。

一家是一位律师,也是"怪"律师,他教我们唱歌,我现在还记得他教我们唱的一首歌。另一家也是母女俩,住得很近,差不多完全是那一家来做客,故德家从来不到那一家去。女儿一来就唱歌。我能装模作样地哼一哼的美国歌,除校歌外,都是从她那里学来的。1915年没有什么特别,过去了。1916年袁世凯要做皇帝,我坐在故德家临街走廊上大哭了一阵,没有告诉她们。1917年夏天我毕业了,暑假没有完我就转学到纽约哥伦比亚大学去进研究院了。到了1918年,故德全家搬到芝加哥去了。故德老太太不久也去世了。

她们这一家是有特点的,这也就是说她们是有一般性的。她们有文化,可是不是文化人;她们有相当多的知识,可是不是要推动知识前进的知识分子;她们没有多少钱,租房子给学生,可以帮助零用,可是她们也不靠房租过日子;她们没有势力,老太太娘家的侄子只是市政府的小职员,不是官。美国参战后,女儿和一个临时的海军军官结了婚,生了几个男女。看来这个新家庭和旧家庭差不多。

那时候的美国,这样的家庭何止千万,所谓"白领子奴隶"就是这种家庭的人。他们可能在工厂工作,可是他们不是直接参加体力劳动的、穿着很厚的蓝布裤子行动快速的工人,而是慢条斯理的普通人。这样的家庭是那时民主美国的背脊骨。他们没有他们自己的领袖,在近代最接近于他们的总统可能是第一次大战期间的总统魏尔巽(现译为威尔逊)。这位总统在当选前是

李岳霖

>>> 1914年秋到1917年夏,金岳霖住在故德家,他了解到美国社会的许多情况,这样的家庭在美国具有一般的代表性。1917年夏天,金岳霖进入哥伦比亚大学研究院。图为1917年到1920年,金岳霖(右三)进入哥伦比亚大学留学时期与胡适(右二)、赵元任(右四)、张奚若(右一)在一起。

一个大学校长,在华盛顿衣冠楚楚的人当中难免有些土头土脑,后来他到欧洲去当美国的议和代表,比较起来,差不多就成为乡下人了。但是,在代表中曾有人想到要把世界变成一个对民主人民没有危险的世界,可能正是他。当然他失败了,他可能不只是失败了,而且自以为成功了。这就不只是可笑,也可悲了。

>>> 金岳霖的房东就是所谓"白领子奴隶",最接近他们的就是第一次世界大战时期的总统威尔巽(现译为威尔逊)。图为威尔逊(右一)在巴黎和会上。

第六节
由学商业转学政治

话还是要说回来。我到美国去,开头学的商业。这玩意引不起兴趣,转而学政治。

到了哥伦比亚大学,我着重选了两门课,一门是比亚德(现译为比尔德)的美国宪法,一门是邓玲(现译为邓宁)的政治学说史。前者不是简单地讲宪法的,而是讲宪法的经济理解。这门课不为学校的权势所容,教授也只得辞职。我对政治学说史发生了最大的兴趣,后来我的博士论文就是在邓玲老先生指导之下写的。这位先生的头光得可以照人,嘴唇上两片白胡子往上翘,出门时戴一顶圆顶硬壳礼帽(久矣乎不存了)。冬天里在讲台上,在办公室里都戴一顶中国式的瓜皮帽子。出门上街时,冬天里总是穿一件 Chesterfield 式的外套,夏天里他也穿一套黑衣服。喜欢讲笑话。张奚若和我都在他的班上。老朋友张奚若可以说是不写文章的,可是在那时候,他却写了《主权论沿革》一文,刊在上海印的《政治评论》上。我认为主权论仍应该强调,我们的宪法里应该有主权论内容。中华人民共和国是有主权的,台湾没有,台湾一直被美国的海军、空军包围了,无法行使我们的主权。

毕业后,我转而学习政治思想。我的博士论文就是写英国一位政治思想家的政治思想(那时我反对写中国题目,因为导师无法指导)。在1918年到1920年这一段时间之后,我就没有离开过抽象思想。这一习惯形成之后,我虽然是一个活的具体的人,我的思想大都不能在活的具体的事上停留多少时候。这仍然是基本事实。

上面我曾提到我反对留美学生在写博士论文时写中国题目,尤其不要用英文写古老的中国古文格式文章。有一位先生用英文翻译了"闵予小子,不知天高地厚……"教师说:"我也不知道天高地厚,你要知道那个,干什么!"这里说的是七十多年前的事,现在这类的事想来没有了。

在1918年或1919年哥伦比亚大学也起了变化。Charb Beard 和 Jame Robinson 不满学校的陈旧办法,在市中心设立了一所研究社会的新学校。这个学校请了三位英国人来讲学。第一位是最年轻的,已经在哈佛大学讲学的拉斯基。他可能比张奚若还小一岁。可是,张奚若非常之佩服他。第二位是从英国请来的瓦拉斯,费边运动中心人物之一。我觉得这个人非常之可亲。看来这些英国学者和美国学者不一样。

金岳霖

>>> 金岳霖到了哥伦比亚大学,着重选了两门课。图为 20 世纪初的哥伦比亚大学图书馆。

>>> 金岳霖在哥伦比亚大学与张奚若在一个班,他的老朋友张奚若可以说是不写文章的,可是在那时候,他却写了《主权论沿革》一文,刊在上海印的《政治评论》上。图为在哥伦比亚大学留学期间,金岳霖与张奚若(右二)、徐志摩(右一)在一起。

他们的希腊文似乎是家常便饭,瓦拉斯每年暑假要读一遍柏拉图的《共和国》。最后来讲学的是拉斯基的老师巴克(Earnect Barker)。这为我们"三个人"以后到英国去,打下了基础。

这里说的"三个人",除张奚若和我之外,加了一个徐志摩。他和我们很不一样。头一点是阔,我只有六十美元一月,张大概也差不多。徐是富家子弟。他来不久,就买了一套七十二块美金的衣服。不久裤子不整了。他不知从哪儿借来了熨斗,熨裤子时和别人争论,把裤子烫焦了一大块。只得另买一条灰色裤子。

>>> 金岳霖他们"三个人",除张奚若和他之外,加了一个徐志摩。图为留学时的徐志摩。

第七节
资产阶级学者费力研究的学科

社会科学方面有三门学科是资产阶级学者花了相当多的时间和精力去研究的。一是经济学,一是政治学,一是社会学。

我没有学过经济学,唯一靠了一点边的是上了一位有名的经济学家所讲的课。可是,这位教师所讲的那门课碰巧又不是经济学,而是英国农民史。他所着重讲的是烟囱。我在英国的时候也正是凯恩斯出风头的时候,可是,我不认识他。他好像写了一本小册子叫做《和平(第一次大战之后的和平)的经济后果》。罗素说"凯恩斯本人就是和平的经济后果,他本人已经成为富人"。

这门学问最像自然科学那样的科学,它确实发现了一些规律,随时运用也能得出一些结论。其余两门都赶不上。

政治学,我在美国读书的时代就叫做政治科学,其实它离科学甚远。可是,它收集了大量的关于政府的材料,因此也大量地集中了这方面的知识。

>>> 约翰·凯恩斯是现代西方最有影响的经济学家之一。金岳霖在英国留学的时候,也正是凯恩斯大出风头的时候,罗素认为"凯恩斯本人就是和平的经济后果,他本人已经成为富人"。图为凯恩斯和罗素等人在一起。

那时候有一个很特别的情况：最好的一本关于美国政府和政治的书是 James Boyo 写的，而他是英国人；关于英国政府和政治的最好的书是 Lowell 写的，而他是美国人。

我的印象是社会学最坏。教我的教授是当时鼎鼎大名的 Yidinop。在一次讲演中，他大骂了俄国革命，可是大大地恭维了列宁。他说："列宁行，列宁是贵族。"这真是胡说吧！他认为社会就是同类的自觉。英国的斯宾塞耳（现译为斯宾塞）也是一个社会学家。此人专搞老生常谈，连篇累牍，书写得很多，可是毫无真正建树。据我的记忆，他的坟离马克思的墓很近，现在去瞻仰马克思的墓的人，早已忘记了或者根本不知道曾经有斯宾塞耳这样一个人存在过。

当然，社会学和别的学科一样总是有几本好书的。我的印象 Willim Graham Sumera 的一本书就是好书。书名我忘记了。

在英、法两国曾出现一种学说，叫社约论。持此论的人有霍布斯、洛克，而主要的人是卢梭。看来这是一些极端的个人主义者，根据形而上学的思想方法提出来的关于社会起源的学说。对于它，马克思主义可能早就得出科学的结论，不过我不知道而已。在这里我之所以提到它，因为我们这里还是有喜欢它的人。从前有一位马君武先生，他就喜欢这一学说的人。我看见他的时候，他的年纪已经相当大了。张奚若也是比较喜欢卢梭的。我有时还听见他朗诵卢梭书里头一句话："人生出来是自由的，但是无论在什么地方，他又是用铁链子锁起来了的。"（可能译得不妥。）

>>> 金岳霖提到社约论,因为是有人喜欢它的。从前有一位马君武,他就喜欢这一学说的人。图为马君武(右一)和孙中山在一起。

第八节
到英国我进入了哲学

在英国我也有以老师相待的人。

一位是瓦拉斯,我在美国听过他的讲。他住在伦敦,找起来很方便。看来英国人不大喜欢人到他家去,他要我找他的地方是他的俱乐部。他那时候喜欢谈心理与政治。看来他谈的时候多,既没有发表文章,更没有写成书。他读书还是相当勤的,每年暑假他都要读一次希腊文的柏拉图的《共和国》。

另一位是巴克,我也是在纽约听过他的课。他本来是在牛津大学教书的,我到伦敦的时候,他已经是伦敦大学国王学院院长。他是以研究柏拉图、亚里士多德而闻名美国、欧洲的专家学者。要他做院长,可惜。1958年,我又有机会到英国去,在剑桥看见了他。我说我有机会就要拜访老师。

巴克已经是八十以上的人，一个人孤独地住在一间小房子里。他见了我大流眼泪。无儿无女，也没有人理他，日子是不好打发的。在资本主义社会里，不及时作古，无论有无儿女，日子总是不好过的。儿女总是要摆脱父母的。

到英国后，我的思想也有大的转变。我读了休谟的书。英国人一向尊称他为"头号怀疑论者"。碰巧那两三个月我不住在伦敦市中心，没有逛街的毛病。就这样我比较集中地读了我想读的书，从此我进入了哲学。这是在对逻辑发生兴趣之前的事情。我说"从此进入了哲学"，是说我摆脱了政治学或政治思想史学的意思。显然，我找瓦拉斯的时候，我还没有摆脱政治学说思想。到了读休谟的时候，政治思想史已经不是我致力的方向了。脱离政治学说史，也就是离开伦敦大学的经济学院。但是，走牛津的道路呢，还是走剑桥的道路呢？

金岳霖

>>> 在英国金岳霖也有以老师相待的人。其中一位是巴克,金岳霖也是在纽约听过他的课。他本来是在牛津大学教书的,金岳霖到伦敦的时候,他已经是伦敦大学国王学院院长。图为伦敦大学国王学院。

金岳霖

>>> 大卫·休谟是苏格兰哲学家。他第一次到法国时,开始研究哲学,并从事著述活动。主要著作为《人性论》。金岳霖到英国后读了他的书,思想发生了转变。图为休谟像。

第九节
回国后教逻辑

有一次,有一个美国姑娘同张奚若和我在法国巴黎圣米歇大街上边走边争论。哪一年的事我忘了。他们彼此都说不通,好像都提到逻辑,我也参加了争论。但是,我可不知道逻辑是什么,他们好像也不大清楚。

可是,不久同逻辑干上了。回到北京以后,赵元任本来在清华大学教逻辑,不教了,要我代替,就这样,我教起逻辑来了。我也只好边教边学。1931年,我又有机会到美国留学一年,就到哈佛大学的谢非先生那里学逻辑。我告诉他说,我教过逻辑,可是没有学过。他大笑了一阵。这时怀特海也在哈佛大学教书。这样,我这个本来同牛津思想关系多一些的人变成与剑桥思想多一些的人了。(怀特海本人不是剑桥大学的,可是罗素和穆尔都是。)无论如何,我走上了比较着重在分析的哲学了。

>>> 赵元任是中国现代语言学的先驱,清华研究院"四大导师"之一。金岳霖接替他,在清华大学教授逻辑。图为1943年,金岳霖在哈佛大学与赵元任在一起。

第十节
参加《哲学评论》的工作

我在北京或北平也参加了《哲学评论》的工作。我当然写了些形式逻辑或哲学的文章,形式逻辑的文章可能多些。但是,哲学文章也有,主要是关于休谟的文章。"休谟"这两个字不是我英文念错了,而是故意的。有些英国人称休谟为"特级怀疑家","休谟"两字的用意是他把所有的"谟"都怀疑掉了。英国的哲学家通常是把霍布斯、洛克和休谟联在一起谈的,因为他们都涉及社约论。这就把培根排除出去了。这三人中洛克的知识论或理性论是最有体系的,但是,他的影响不限于哲学,而主要是政治。休谟的影响反而最大。康德曾说过,休谟使他(康德)从教条主义的酣睡中惊醒过来。

那时候,我对于休谟是有兴趣的,我还开了休谟的课,主要是读书。

金岳霖

>>> 贺麟是现代新儒家的代表人物一。他1919年考入清华学堂,受到梁启超的影响。1926年赴美国留学,1930年转学德国。回国后长期任教于北京大学,后任中国社会科学院研究员。主要论著有《文化与人生》。金岳霖和冯友兰、贺麟参加了《哲学评论》的工作。图为在金岳霖从事教学和科研工作五十六周年庆祝会上,金岳霖与贺麟见面,握手问候。

有一个学生,后来曾在政法学院的曾秉钧先生,我们经常是以推敲的方式读书,这对我的益处也是很大的。

参加《哲学评论》的人有冯友兰、有我,以后有贺麟。但是,特别重要的两位先生是瞿菊农和林宰平。具体的事情,主要是瞿先生去办的。钱是尚志学社提供的,而这就靠林先生。这里说具体的事情,其实就是一大堆琐琐碎碎的事情,不知道瞿先生是如何处理的。这使我非常之感激。他是学教育的,对哲学很有兴趣。不知是在这以前还是以后,他参加过定县乡村工作。抗战以后,我就没有看见过他了。

《哲学评论》是在北京出版的,在北洋军阀时代没有出什么问题,可是后来问题发生了。南京要我们去开会,瞿、林都没有去。那时候贺麟和沈有鼎先生都回国了,都预备去开会。我们的安排是冯友兰为理事,贺自昭为秘书,同南京的人打交道。我的任务是坐在沈有鼎先生的旁边,阻止他发言。南京的人出来讲话的是陈大齐先生。他原来是北京大学的代理校长或教务长,这时是南京的大官,可能是考试院的副院长。他说了什么我没有听见。沈先生果然有两三次要发言,都是我把他的衣服抓住,阻止了他发言。在这里我借回忆的机会向他道歉。为什么有这个安排的必要,我不太同意,可我还是执行了。这件事有机会应同贺、冯两先生谈谈。他们碰到了什么伤脑筋的事,我不知道,要他们自己写才行。

>>> 讲话的人是陈大齐。他原来是北京大学的代理校长或教务长,这时可能是考试院的副院长。图为陈大齐(右十)和王国维(右七)、周作人(右八)等人在一起。

第十一节
清华琐忆①

清华很早就是以科学为重点的。"五四"时候是这样,我回到清华教书后,也是这样。我所谈的是综合性的、多科性的,像现在北大一样的、历史上的清华大学。

自然的各方面,或工程技术的各方面,清华的教学与科研的成就都是相当高的,有时可能是国内先进水平的。在这一方面,我能说的话很少,我要特别提到的是当时为"政治科学"服务的政治系。

政治系的教授有两人,变动少,时间长:一是浦薛凤先生,一是王化成先生。后来加入的有张奚若,和有时在有时又不在的钱端升。有一天物理教授吴政之(他对清华是兼有教研之外

---

① 本篇是单篇文章,原不属于本回忆录之列,今一并收入。

>>> 金岳霖回到清华教书时,政治系的教授有两人,变动少,时间长:一是浦薛凤先生,一是王化成先生。图为浦薛凤(右九)与冯友兰(右三)、朱自清(右一)、梅贻琦(右五)等清华同事在一起。

的功劳的)说了一句极特别的话:"怪事,清华的政治系好像不懂政治。"这句话指的是浦、王两先生。吴先生大概没有意识到流行于美国的"政治科学",而同时又认识许多国民党的中级干部和他们的斗争。吴先生之所长正是浦、王二先生之所短,而他们之所长又是吴先生之没有意识到的事。

应当承认,由于阶级意识的限制,真正的社会科学是当其时这方面的在校的先生们所得不到的。社会科学虽然得不到,社会方面的学科还是保存了。

我不记得教授大会是怎么开始流行起来的。我记得一两次我参加过的教授会。有一次是在科学馆大楼召开的,那时候师生已经有对立思想,可是感情没有破裂。朱自清、张奚若同我是看门的,有好几个同学要进来,可是我们都拒绝了。讨论什么事,我不记得了,第二天还要开。我答应了张奚若,我要去。可是第二天他找我时,我不愿去了。我在逻辑方面或哲学方面碰到了困难。他很生气,只得一个人去了。看来从那时起师生意见开始对立起来了。

可是对立的时候不长。学生的意见是进步的。同时,先生家里的小成员也开始长大了。

梁思成那时不在清华教书。在城里他同我是分居前后院的。他有位内弟,姓林,我们都称他为"三爷",我的印象他是到北京来预备考清华的。有一天中饭晚饭林三爷都没有回来。约晚上9点钟时,梁思成接电话要他去领回学生一名。三爷被领

>>> 约20世纪20年代末30年代初,金岳霖(右六)与清华大学的同事们在一起。

回来了。他的计划也改变了,进了空军,后来在保卫成都的空战中壮烈地牺牲了。

上面说的已经是一二·九运动了。看来这时清华已经不只是在科学,而且也在"五四"时所说的民主地成长起来了。长沙临时大学本身不值得谈,我还是要提到,因为它是西南联大的出发点。我是单身汉,我最富,我是从香港、海防、河内到昆明的(在昆明几年之后我又穷考第一,现在仍在北大的温德第二)。另外有些人是坐公共汽车经广西那条路到昆明的。可是大部分的师生是徒步经贵州走到昆明的。走路的人,因为要特别预备,可能是最后出发的。看来闻一多先生是唯一卷裤脚穿长袍走路的教师,他们可能是人数最多的学习党的长征的一群师生。

我没有在长沙送他们,可是我当然参加了在昆明迎接他们的人群。最引人注目的就是满脸胡子的闻一多先生。

走路的师生到了以后,西南联大可以开学了。

西南联大是各种斗争最激烈的场所。我是一个落后分子。斗争情况我没有全面地了解,根本谈不上。我只是跟着大家的进步,也得到一点进步。我记得离昆明的时候,我在会计处碰到黄子卿先生。他问我,回到北京后,共产党来了,怎么办? 我说:"接受他们的领导,他们不是洋人,不是侵略者。"黄先生说:"达!"听我的口气,他可能已知道我只是"知命"而已,没有更多的热心。事实也恰是这样。

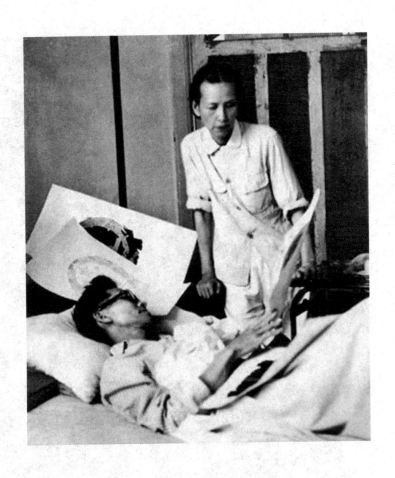

>>> 梁思成是新中国首都城市规划的推动者,林徽因是中国第一代女建筑学家,被誉为"中国一代才女"。他们二人是金岳霖最好的朋友。图为1950年,林徽因与病重的梁思成在商讨中华人民共和国国徽图案。

>>> 金岳霖等人从西南联大回到北京,不久新中国就建立了。张奚若忙得不可开交,金岳霖不只是闲着,而且好像局外人。图为张奚若(前右七)出席有关高等教育的会议。

回到北京,不久果然解放。张奚若忙得不可开交,梁思成、林徽因先生是参加了美术设计工作,后来又参加了市政工作,也忙得不亦乐乎。我不只是闲着,而且好像局外人。

理由很简单。解放前一些人士一直是骂形式逻辑的,这件事当然不好办。骂可以,可是要骂得言之成理,又要引用形式逻辑。因此骂也只得乱骂一阵。

可是乱骂的事在解放后并没有广泛地发生。有一次在怀仁堂,我见到毛主席。有人介绍之后,他说你搞的那一套还是有用。这,我可放心了。我也就跟着大伙前进了。

第十二节

谈谈我的书

我要谈谈我的书。我只写了三本书。① 比较满意的是《论道》,花工夫最多的是《知识论》,写得最糟的是大学《逻辑》。后面这本书中介绍一个逻辑系统那部分简直全是错误,我也没有花工夫去改正我的错误。我的学生殷福生先生曾系统地做了更正,也不知道他的改正正确与否,竟以不了了之。理由是我错误地认为我既没有数学才能,形式逻辑就搞不下去了。这里说的只是介绍一个逻辑系统那一部分。

花时间最长,灾难最多的是《知识论》那本书。这本书我在昆明就已经写成。那时候日帝飞机经常来轰炸,我只好把稿子带着跑警报,到了北边山上,我就坐在稿子上。那一次轰炸的时间长,天也快黑了,我站起来就走,稿子就摆在山上了。等我记

---

① 指1949年以前"只写了三本书"。

金岳霖

>>> 金岳霖认为自己写得最糟的是《逻辑》这本书,书中介绍一个逻辑系统那部分简直全是错误。他的学生殷福生(殷海光)曾系统地做了更正。图为殷海光一家人在一起。

起回去,已经不见了,只好再写。一本六七十万字的书不是可以记住的,所谓再写只可能是从头到尾写新的。这个工作在1948年12月的某一天(可能是12日或14日)完成了,寄给商务印书馆了。这时书局也就不忙了,因为北京已经在解放的前夕了。

《论道》是我比较满意的书,当然也是形而上学最突出的书。直到写这本书的时候,甚至写了相当一部分的时候,我才下决心把"间"和"时"分开来提。现在用"时间"两个字表示分割了的时间,用"时"一个字表示"洪流"的"流"。要很好地利用时间这一对象,我看我们非分开来讨论不可。"时间"非分割开来不可,不然用处不大。无论是就分、秒、点说,还是就年、月、日说。例如1982年,它一来就置当不移,不属于它的挤也挤不进去,属于它的逃也逃不出来。可是,好些重大的事情,可以安排在这一年里,使它们得到历史上的确切的位置。

但是,《论道》那本书的重点仍然是时流。这表示在那几句话:"能之即出即入,谓之几。""能之会出会入,谓之数。""几与数谓之时。"这就使我回到无极而太极中的宇宙洪流上去了。

我只写了三本书。

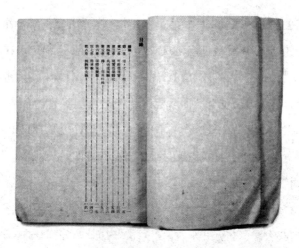

>>> 金岳霖的著作《论道》,这是金岳霖自己最满意的一本书。

第十三节
我的客厅

这里要说说湖南饭店。所谓湖南饭店就是我的客厅,也就是我的活动场所,写作除外。房子长方形,北边八架书架子。我那时候是有书的人,书并且相当多,主要是英文的。院子很小,但还是有养花的余地。"七七事变"时,我还有一棵姚黄,种在一个八人才抬得起的特制的木盆里。一个"光棍"住在那样几间房子里,应该说是很舒服的。如果说的是白天,那几间房子确实舒服。到了晚上,特别是上床后,问题就不同了。只要灯一灭,纸糊的顶棚上就好像万马奔腾起来,小耗子就开始它们的运动会了。好在那时候我正在壮年,床上一倒,几分钟之后就睡着了。

30年代,我们一些朋友每到星期六有个聚会,称为"星(期)六碰头会"。碰头时,我们总要问问张奚若和陶孟和关于政治的情况,那也只是南京方面人事上的安排而已,对那个安排,我们的兴趣也不大。

>>> 梁思成(右一)、林徽因(右三)和美国友人费慰梅(右四)等人到金岳霖家做客。这是他们和金岳霖在客厅。

>>> 洪深翻译了王尔德的 Lady Whilimere's Fan。图为王尔德(右二)与友人。

我虽然是搞哲学的,我从来不谈哲学,谈得多的是建筑和字画,特别是山水画。有的时候邓叔存先生还带一两幅画来供我们欣赏。就这一方面说"星(期)六集团"也是一个学习集团,起了业余教育的作用。

我不知道洪深先生在哪一年翻译了王尔德的 *Lady Whilimere's Fan*。我猜想他有困难,Lady 这个字怎么办呢?中文里没有相应的字。我想洪先生虽然多才多艺,也没有想出好办法,只是用"少奶奶"这个名称应付应付而已。

在 30 年代里,有人写了一篇文章,题目是《少奶奶的客厅》。这样一来可真是把英国乡居富人的社交情况形容出来了。英国的乡居富人请客时,大吃其牛肉,吃完之后,男的进入他们的雪茄烟和 Whisky 酒的房子里去了,女的则进入她们的客厅去聊天。她们当中虽然也有老太太,但总还是以少奶奶为主。这篇文章确实有这一好处。但是它也有别的意思,这个别的意思好像是 30 年代的中国少奶奶们似乎有一种"不知亡国恨"的毛病。

这就把问题搞得复杂了,"国"很不简单。当其时的中国就有两个不同的国,一个以江西为根据地,一个以南京为首都。少奶奶究竟是谁呢?我有客厅,并且每个星期六有集会。湖南饭店就是我的客厅,我的活动场所。很明显批判的对象就是我。不过批判者没有掌握具体的情况,没有打听清

>>> Lady 这个字中文里没有相应的字。洪深只是用"少奶奶"这个名称应付而已。图为洪深(右二)与田汉(右六)、欧阳予倩(右二)等人在一起。

楚我是什么样的人,以为星期六的社会活动一定像教会人士那样以女性为表面中心,因此我的客厅主人一定是少奶奶。哪里知道我这个客厅的主人是一个单身的男子汉呢?

>>> 金岳霖有客厅,并且每个星期六有集会。湖南饭店就是他的客厅,他们的活动场所。图为参加"星(期)六碰头会"的胡适(右二)、林徽因(右七)等人。

金岳霖

>>> 有一次,金岳霖打电话给陶孟和,他的服务员问"您哪儿"。金岳霖忘了,答不出来,就说不管它,请陶先生说话就行了。图为中华全国自然科学工作者代表大会召开,中国科学院院长郭沫若,副院长李四光、陶孟和、竺可桢等和与会者在一起。

第十四节
我忘记了自己的姓名

在30年代,我头一次发现我会忘记我的姓名。有一次我打电话给陶孟和(东局56),他的服务员问"您哪儿"。我忘了,答不出来,我说不管它,请陶先生说话就行了。我不好意思说我忘了,可是那位服务员说"不行"。我请求两三次,还是不行。我只好求教于王喜,他是给我拉东洋车的。他说:"我不知道。"我说:"你没有听见人说过?"他说:"只听见人家叫金博士。"一个"金"字就提醒我了。

有人告诉我说,潘梓年在重庆的某一签名场合上,恍然起来了,也记不得自己的名字了。旁边的人说他姓潘。可是,他还是想不起来,并且问"阿里个潘呀"?这就是说,说一个字还是不够。

第十五节
我做吴宓的"思想工作"

解放前也有思想工作,那时候不叫"思想工作",叫"劝劝"。吴雨僧先生有一时期在报纸上发表了他的爱情诗,其中有"吴宓苦爱毛彦文,九州四海共惊闻"。有一个饭团的同事觉得这很不对头,要我去劝劝他。我不知道为什么要我去,现在想来,更不知道我为什么就去了。我对他说:"你的诗如何我们不懂。但是,内容是你的爱情,并涉及毛彦文,这就不是公开发表的事情,这是私事情。私事情是不应该在报纸上宣传的。我们天天早晨上厕所,可是,我们并不为此而宣传。"这下他生气了,他说:"我的爱情不是上厕所。"我说:"我没有说它是上厕所,我说的是私事不应该宣传。"

现在我觉得我的话确实不妥当。我同张奚若的来往中,有几次他当面批评我,说我的话不伦不类。我没有理会。

>> 吴宓有一时期在报纸上发表了他的爱情诗,其中有"吴宓苦爱毛彦文,九州四海共惊闻"。有一个饭团的同事觉得这很不对头,要金岳霖去劝劝他。图为吴宓(右三)与西南师范学院的教师在一起。

现在看来,他批评我的情况,就如我同吴先生的对话一样。把爱情和上厕所说到一块,虽然都是私事情,确实不伦不类。

回忆看来是有益的事情。不回忆的话,我不至于发现上面的错误。

>>> 图为毛彦文与熊希龄结婚时的情景。

第十六节
我坐办公室而"公"不来

解放后调整到北大,周培源先生说要我做北大的哲学系主任。我说我不干,还说艾思奇摆在那里,不去找他,反而来找我。周培源说:"要你做,你就得做。"我就做起系主任来了。不久就有人当面大骂我一顿。这样的事,在旧社会不是开除他,就是我辞职。

在新社会怎么办呢?不知道。结果他不走,我也不辞。事也办不了,更谈不上办好办坏。

到哲学所不久,我就听见汝信同志说:"知识分子不能办事。"我那时候是同意他的观点的,我自己就是不能办事。到清华,我比冯友兰先生早,可是,管行政事情的是冯先生,我办不了事。解放以前,学校的官我没有做过,唯一例外是我做过一次评议员。

>>> 20世纪50年代,金岳霖(右五)和中国社会科学院哲学研究所的同事们会见苏联专家(右三)。

到了哲学所,另一副所长张镈说我应该坐办公室办公。我不知道"公"是如何办的,可是办公室我总可以坐。我恭而敬之地坐在办公室,坐了整个上午,而"公"不来,根本没有人找我。我只是浪费了一个早晨而已。

这以后没有多久,哲学所的同志做出决议,解除我的行政职务①,封我为一级研究员。显然,他们也发现我不能办事。如果我是一个知识分子的话,我这个知识分子确实不能办事。

我到哲学所后,曾听见同事讨论级别问题,我没有考虑过这个问题。哲学所的领导小组曾解除我的行政工作,封我为一级研究员。我想一级研究员当然是高级干部,无论如何我认为我是高级干部。可是,一次在首都医院住院,他们把我安排在一间前后都是玻璃通明透亮的大房间。我是怕光的,带眼罩子戴了几十年的人住那样一间房子真是苦事。要单间房,首都医院不能照办,据说是因为我不是高级干部。后来我住到邮电医院去了。病好出院我向梁从诫提及此事,他说我根本不是高级干部。我看他的话是有根据的。这样,我这个自以为是高级干部的人,才知道我根本不是高级干部。

---

① 据查,哲学所没有做出过解除金先生行政职务的决定,只是决定金先生不必天天到所坐班了。

>>> 金岳霖病好出院后向梁从诫提及此事,他说金岳霖根本不是高级干部。图为林徽因和儿子梁从诫、女儿梁再冰在一起。

>>> 图为林徽因与孩子们在大雪纷飞天。

第十七节
我接受了革命哲学

在政治上,我追随毛主席接受了革命的哲学,实际上是接受了历史唯物主义。现在仍然如此。在宇宙观方面(也可以说世界观,不过不局限于人的社会而已),我仍然是实在主义者。解放后,我有一篇实在主义的文章,即《思维规律的客观基础》[①]。我的实在主义是从早期的罗素、穆尔那里来的。这两位先生都在维特根斯坦的影响下变成了马赫主义者。罗素还著书立说(《物质的分析》《心灵的分析》)宣传马赫主义;穆尔没有著书立说,但是他上维特根斯坦的课,曾同我一道听讲。看来他们都放弃了实在主义。现在世界上还有没有实在主义和实在主义者,我不知道。

[①] 即《客观事物的确实性和形式逻辑的头三条基本思维规律》,发表在《哲学研究》1962年第5期。

我那篇文章是实在主义的文章。文章发表后如石沉大海。只有钱锺书先生做了口头上的反对,但是他没有写文章,我也不能反驳。我还是要谢谢他,至少他读了我那篇文章,并且还反对。至于平日搞逻辑学的人,没有人赞成,也没有人反对。也许他们认为这篇论文是一篇哲学论文。但是它总仍然是一篇逻辑论文。昨天我有机会看见倪鼎夫同志,我问他,他说我当时说那篇文章是唯物主义的。想起来了,那时说实在主义没有人懂,说唯物主义也没有大错,列宁曾说过实在主义是害臊的唯物主义。尽管如此,那篇文章应该是受到讨论的。它既没有受到讨论,我就难免大失所望。

我写的文章比较得意的有三篇:一篇是解放前写的《论手术论》[①],写后有点担心,因为批判的对象好像是叶企孙先生的老师。后来知道他并不在乎。有两篇是解放后写的,一篇是对实用主义的批判[②],在什么刊物上发表的,忘记了(不是《新建设》,就是《人民日报》)。得意点是找到了杜威在他的论达尔文文集中某一页的页底注中,直截了当地反对物质存在的赤裸裸的表示。另一篇就是上面提到的那篇论思维规律的客观基础的文章。

有生之年已经到了八十八,比较得意的文章只有三篇,并且在这里也只是"老王卖瓜"。

---

① 发表在《清华学报》1936 年 1 月第 11 卷 1 期。
② 此文为《批判实用主义者杜威的世界观》,发表在《哲学研究》1955 年第 2 期。

金岳霖

>>> 金岳霖有一篇实在主义的文章,他的实用主义是从早期的罗素、穆尔那里来的。这两位先生都在维特根斯坦的影响下变成了马赫主义者。图为维特根斯坦与友人在英国剑桥大学。

>>> 1982年，在为金岳霖举行的从事教学和科研五十六周年庆祝会上，胡乔木、胡愈之、钱昌照、周培源、于光远等人向金岳霖表示祝贺。

解放后,《人民日报》又重新发表了毛主席的《实践论》。我读了之后很高兴,写了一篇学习《实践论》的文章,很可能刊登在《新建设》杂志上。① 我的文章提到了学习新思想的涓涓之水可成江河,《新建设》把"涓涓之水"印成"渭渭之水"。本是小事情,可是,我仍然生气。

提起《实践论》,我又想起钱锺书先生。英译处要我多负一点英译责任。我碰到"吃一堑长一智"这句话,不知道如何办才好。我向钱先生请教,他马上翻译成:

A fall into the pit, a gain in your wit.

这真是再好也没有了。

---

① 即《了解〈实践论〉的条件——自我批评之一》,发表在《新建设》1951年8月第4卷第5期。

金岳霖

>>> 提起《实践论》,金岳霖又想起钱锺书。英译处要他多负一点英译责任。他碰到"吃一堑长一智"这句话,不知道如何办才好,他向钱先生请教。图为钱锺书与杨绛。

第十八节
我对政治是"辩证的矛盾"

对于政治,我是一个"辩证的矛盾"。

我是党员,可是,是一个不好的党员;我是民盟盟员,可是,是一个不好的盟员;我是政治协商会议的委员,可是,是一个不好的委员。我一方面对政治毫无兴趣,另一方面对政治的兴趣非常之大。

我接受了一些英、美学者对共产党,对斯大林的态度。1943年我在华盛顿碰见了罗素。我说:"现在打起来了,我们一定胜利,对局势你总满意了吧?"他头向西翘,卷嘴东指,说:"他在那里,有什么办法!"我当然知道"他"是谁,我那时候也有类似的想法。

解放后,我们这些旧知识分子发生过这样的问题。我们质问艾思奇同志:"毛主席到莫斯科,斯大林为什么不去迎接?"头一天艾思奇同志说他不知道,他可以打听打听。

第二天上课时,他回答说:"斯大林去了,可是没有接上。"问题是我们为什么有这样的问题,理由很简单。我们同罗素的分别只是民族上的分别而已,在阶级立场上,我们同他完全是一样的。

可是到了1953年,思想改造(或"洗澡")运动之后,并且是在院系调整之后,我们的思想改了,无论如何,我们不恨斯大林,也不恨共产党了。我还加入了盟,也入了党。

人是要有自知之明的。这是多么美妙的品质呀,可惜这品质不是经常有的,更不是老有的。有时它会悄悄地离开你而你不知道。用我们现在已经习惯的语言说,我这个人根本没有改造世界的要求,只有要了解世界、理解世界的要求。我基本上没有拥护旧世界的要求,也没有打破旧世界的要求。中国共产党和毛主席等领导同志的努力打破了那个旧世界,我非常之拥护,并且愈学习愈拥护。但是在我自己的头脑里,我仍然只是在了解世界上绕圈子。请注意,在最后这句话里"世界"两个字,说的实在就是宇宙。

上述这样一个人,最好不加入党,不加入盟。我有时有这个看法,认为这是自知之明。我这个搞抽象思维的人,确实不宜于搞政治。在解放前,我没有搞过什么政治,那时我似乎有自知之明。我在解放后是不是失去了这个自知之明呢?解放后,绝大多数的人都心明眼亮起来了,难道我反而糊涂了?我也没有变成糊涂人。事实是既有政治,也有"政治"。解放前如此,解放后仍然如此。不过,解放后的"政治"不叫"政治",而近来叫做"开后门"了。

金岳霖

>>> 1943年,金岳霖在华盛顿碰见了罗素。图为罗素发表反战演讲。

金岳霖

>>> 1982年,金岳霖(右二)在寓所与刘培育、欧阳中石等人在一起。

现在,再回顾一下解放前在我家开的"星(期)六碰头会"吧!如果那时候你说我们在搞政治,我们会否认。我们确实不搞"政治"。有一次我们碰头时,张伯苓的弟弟张彭春来了。他坐了很久。过后不久,他成了中国驻南美一个国家的大使,我很不高兴,不知道他利用了我们的碰头会否(想来不会,没有什么可利用的)。但是我们是不是不搞政治呢?显然也不是。我们那时候都反对共产党。很明显,我们不搞"政治",可是我们搞政治。

解放后,我们花大工夫、长时间,学习政治,端正政治态度。我这样的人有条件争取入盟、入党,难道我可以不争取吗?不错,我是一个搞抽象思维的人,但是,我终究是一个活的、具体的人。这一点如果我不承认,怎么说得上有自知之明呢?根据这一点我就争取入盟、入党了。

>>> 金岳霖他们的"星(期)六碰头会",有一次"碰头"时,张伯苓的弟弟张彭春来了。图为1926年,南开女中落成典礼,严修将钥匙交给张伯苓。

第十九节

民盟与我的思想改造

我虽然不是好的民主同盟的盟员,可民盟对我的思想改造有过很好的帮助。

这里说的不只是1957年的"反右"斗争,该斗争在现在似乎已经认定是一个错误。尽管如此,这不等于说参加到这一斗争里去的人也一定得不到益处。我看我就得益匪浅。政治斗争,我从前也参加过,都是在别人后面跟着行动。有一次,我曾一马当先自动地行动起来,地点就在罗隆基家里,主题是学术自由。在会上,我主张采用京剧办法,进行学术亮相,亮相之后进行讨论。

这样一次在罗家的小会,怎样变成一场主要在民盟举行的反"章、罗联盟"的斗争,我不清楚。无论如何,以后的斗争面广

>>> 金岳霖曾一马当先行动起来,地点就在罗隆基家里,主题是学术自由。图为罗隆基与沈钧儒等人在一起。

霍岳雲

>>> 民盟对金岳霖的帮助是在经常性的小组会上,史良就在这个小组。图为新中国成立前,史良(二排)与女工在一起。

了,参加的人多了。起先,有一部分的斗争是在沈老①家里进行的,后来改了。这一斗争维持了多少时候,我也不知道,也忘了。以后我参加了小型的座谈会。一次是晚上举行的,主要是朱光潜先生同我进行了关于道德问题的争论,彼此都得到益处。这次讨论的地点已经是民盟现在的所在地,只不过是在最后一进的大房间而已。

老朋友黄子通先生也同我争论过,他好像认为我不应该公私不分。可是具体的是什么公私,我不记得了。

但是,民盟对我的帮助主要不在这些特别的场合上,而是在经常的小组讨论会上。这种小组讨论会或学习会实在好得很,它是先进带后进的。史良同志就在这一组,萨空了同志有时也参加,胡愈之同志不在,他可能到别的组去了。这种小组会可能一直开到"文化大革命"为止。

尽管如此,我不是好盟员。民盟的内部工作,我从来没有参加过,民盟作为统战党派之一的工作,我也没有参加过。

下面,我要谈谈我在民盟学习的愉快日子。首先,我认为民盟现在在"四化"建设中所起的作用,或所尽的功能,或所负的责任都是头等重要的。针对知识分子来说,九三学社是自然科学家的民主党派,而民盟是社会科学家的民主党派。这两类科学家的不同产生了它们的工作者的两样。当然,这里说的不同点不

---

① "沈老"可能指沈兹九先生。

>>> 民盟右经常的小组讨论会,与金岳霖一组的有史良、萨空了等人,胡愈之在别的组。图为留学法国时的胡愈之。

金岳霖

>>> 金岳霖参加了小型的座谈会,一次是晚上举行的,主要是朱光潜同他进行了关于道德问题的争论,彼此都得到益处。图为朱光潜1946年与夫人奚金吾在成都少城公园。

能绝对化。自然科学工作者所研究的对象除少数科学(如医学)外都是自然,对象问题大都不会成为政治问题。社会科学的对象问题本身就可能成为政治问题。无论如何,民主党派的主要工作是政治思想工作。这是非常之重要的工作。"文化大革命"之后,这一方面的工作打住了。我极力主张恢复起来。我认为,我从前的民盟生活无论是在民盟中央或本所都是愉快的、有益的。我也要承认,我没有充分地利用当时的优越条件,批评别人的意见多了些,自我批评少了些。我主张知识分子成堆的地方,都要恢复他们的民主党派,我估计这对我这样的人的思想改造会有莫大的好处。

提起思想改造,特别是老知识分子的思想改造,应该用学习小组的政治学习讨论会的方式进行,不能让他们独自个人学习。所谓"自学",实实在在就会成为"不学"。我就是这样因年老体弱而打住了"学习会"的人。"会"特别重要,"无会"或早或晚总要成为"不学"。在不断地"不学"中,已经有了思想改造开端的人就会回到老的思想上去,而就我说,这也就是回到资产阶级知识分子那里去。新近有一个很好的例证,哲学所所长和党组书记到家来看我,我不假思索地向所长要钱,我说"我要钱"。

金岳霖

>>> 1951年,金岳霖(右四)和清华大学教授冯友兰(右一)、邓以蛰(右三)等人在一起。

然后我说,大学《逻辑》我不要钱,《论道》那本书我也不要钱,可是《知识论》那本书我要钱。所长还替我解释一下说"是要稿费"。"稿费"这两个字好听一些,其实还是"钱"那个东西。在这个对话中,我又躺在资产阶级知识分子窝里去了。这一次的爆发是在哲学所负责同志面前的爆发,平时的爆发一定就更多了。前不久,我曾向一位帮工同志小桃拍桌子。我后来向她赔了不是,但是桌子我仍然拍了。思想不纯到了我的程度,可能是很少的。

第二十节
我没能成为公而忘私的共产党人

我是党员,可是很明显,我没有能够把自己锻炼成为革命者所能既敬且爱公而忘私的共产党人。在这里,我也无法谈自然法则式的因果关系式的原因与后果,只能谈因缘与现在的结局。我的基本情况是,我的生活方式没有多大的改变。从饱暖方面说,我的饮食衣着没有多少改变。我的日常饮食,几十年来都是一荤一素。衣服在冬天仍穿清朝时的长袍。曾有人在王府井善意地批评过我,说:"老先生呀! 现在不要再穿你的长袍了。"可我仍然没有改。我特别怕冷。(解放前有时西装革履,现在很少了。我有很厚很暖的外套,真正的西式外套无法穿在皮袍上。)工作与睡眠的生活,改变也不大,只是后来的工作时间要长些。我从前下午是不工作的。说的是不工作,不是不看书(夏天常常打网球)。

>>> 金岳霖(右六)与林徽因(右四)、费慰梅姐妹(右二右三)、费正清(右一)。

改变大的是应酬与交通。我从前虽没有汽车,可是汽车是常坐的。应酬场合上喝酒经常过多,解放后我曾多次承认过"要是不解放,我可能早死了"。这说的主要是喝酒。

我的生活一直是优越的。即令是在昆明,也仍然如此。在昆明有一个时期我的工资是最少的,温德先生"考"第二。但是,我们不是最穷苦的,因为我们都是单身汉。温德先生能够同我们共甘苦,应该得到我们的衷心的表扬。

我的肉体和上面说的各方面的生活构成我这个人的物质基础,这样一个物质基础的思想是不是能够彻底改造呢?从因果关系说,应该承认是可能,但也只是可能而已;从事态因缘说,大概不会。简单地说,我这样一个人虽然可以成为好的共产党员,然而大概不会。

上面说的理由,同样使我不能成为好的政治协商委员。

>>> 在昆明有一个时期金岳霖和温德的工资是最少的,但并不是最穷苦的,因为他们都是单身汉。图为在西南联大时,温德和他的猴子。

第二章

第一节
我喜欢作对联

小的时候,大人(主要是几个哥哥)经常讲对联。我也学了背对联,背的多半是曹丕的。到北京后,也喜欢作对联,特别喜欢把朋友们的名字嵌入对联,有时也因此得罪人。

梁思成、林徽因和我抗战前在北京住前后院,每天来往非常之多。我作了下面这一对联:"梁上君子,林下美人。"思成听了很高兴,说"我就是要做'梁上君子',不然我怎么能打开一条新的研究道路,岂不还是纸上谈兵吗"?林徽因的反应很不一样,她说:"真讨厌,什么美人不美人,好像一个女人没有什么事可做似的,我还有好些事要做呢!"我鼓掌赞成。

我也给老朋友兼同事吴景超、龚业雅夫妇作了对联。上联是:"以雅为业龚业雅非诚雅者";下联是"唯超是景吴景超岂真超哉"。这里上联不只是拼凑而已,也表示我当时的意见。

>>> 金岳霖给梁思成、林徽因作了下面这一对联:"梁上君子,林下美人。"即为梁思成、林徽因。

这就追到唐擘黄先生同我的讨论。30年代相当早的时候,唐先生同我从晚8点开始讨论"雅"这一概念,一直讨论到午夜两点钟以后。我们得出的结论只是这东西不能求,雅是愈求愈得不到的东西。不知道唐先生还记得否?

以上说的对联只是口头上说说而已,不只是口头上说说的也有三次。一是送沈性仁女士的:"性如竹影疏中日,仁是蓝香静处风。"另一是送清华建筑系青年讲师的:"修到梅花成眷属,不劳松菊待归人。"第三次就是前面提到的给毛主席祝寿作的"以一身系中国兴亡,入此岁来已七十矣;行大道于环球变革,欣受业者近卅亿焉"。

好了,我又想到过去的一副对联。太平军革命失败之后,曾、左手下的武官也发财致富了。自项羽、刘邦带头后,衣锦总是要还乡的。这些还乡的武官都成为乡下的大地主,这也就产生了一些专门"敲竹杠"的落第文人。这些文人自备抬着走的轿子,他们到了地主家,抬轿的人就走了,地主就得招待他们。有一个自称为流落在湖南的湖北江夏的文人,到了一个大地主家,抬轿的人走了,他就坐在轿子里,要求会见主人。主人见了他之后提出上联说:"四水江第一,四时夏第二,先生来江夏,还算第一,还算第二?"那位"敲竹杠"(现在记起来了,那时叫"打秋风")先生对曰:"三教儒在前,三才人在后,游士本儒人,亦不在前,亦不在后。"

金岳霖

>>> 金岳霖有一副对联是送沈性仁的:"性如竹影疏中日,仁是蓝香静处风。"图为1938年夏,沈性仁(右七)与陶孟和(右六)等人在广西民族学校。

英文也可以作对联,张奚若和我是好朋友、老朋友,但是有的时候也吵架。有一次话不投机,争论起来了。我说他真是 Full of pride and frejudice,他马上回答说:你才真是 Devoid of sense and sensibility。这两本书,我只喜欢 P and P。

金岳霖

>>> 张奚若和金岳霖是好朋友、老朋友,但是有的时候也吵架。有一次话不投机,争论起来了。图为青年时代的张奚若。

第二节
我喜欢山水画

我喜欢中国的山水画,其余的虫鱼鸟兽(齐虾除外)等我都不喜欢。我欣赏以大观小的原则,在画上执行这个原则就是怎样留空白的问题。我认为这是布局中最大的问题,还有一些其他的问题,因为比起来次要就不必提了。解放后,我当心山水画后继无人了,哪里知道这完全是杞人忧天。我认为,解放的时间虽不长,然而伟大的山水画已经画出来了。前些时我欣赏钱松喦先生的《密云水库》,最近我认为陈徽先生的《蜀江烟雨》更是伟大。直到现在,我天天都要看看这张画。说的是报纸上剪下来的照片,尽管是报纸上剪下来的纸片,然而我看时仍然是最大的喜悦。这些时候天天如此,真是百看不厌。

留空白不是简单的事,在能者手里有非常之灵巧处理的办法。

>>> 齐白石是20世纪中国杰出画家、世界文化名人,金岳霖喜欢中国山水画,除了齐白石画的虾以外,虫、鱼、鸟兽等,他都不喜欢。图为齐白石在作画。

《人民日报》上印出戴慧文先生的木刻《晴雪》。我谈的是照片，不是木刻本身。照片就是一张印出来的画。作为一张画，它也有空白问题。奇怪的是它堆满了画，可是我看了又看，并不感觉到挤。黑白两颜色虽然是接连的，然而从观看者的感觉说，两山相隔至少也有几十里路。真是不画空间或不刻空间，自有空间了。多灵呀！

报纸上登了一些无山的水乡画，我剪下了两张。一张只有房子没有人，另一张有许多人在工作。头一张水乡画给人的印象很特别，我一想就想到那是地主的水乡。地主早已不存在了，可是我想到的仍然是地主的水乡。不但是地主的水乡，而且想到黄公望、黄鹤山樵、倪云林、沈石田、文徵明等，这又给我很大的愉快的感觉。尽管如此，这个水乡仍然是死的，水是死水。

另一张完全不一样，在水上或水旁的是劳动人民或小资产阶级，他们都在工作。这张水乡画充满了紧张气氛，画里的人都在劳动，他们当然也都是活泼泼地生活着。这张水乡画是活的画，水乡是活的水乡，水也是活的。

在报纸上我也剪下了一张可以说是完全宁静的画。画面是一湖水，远处有山，水上有两只渔船。这张画宁静得很，似乎可以听见下雨的声音。印象是"千山鸟飞绝，万径人踪灭"的味道。

我还剪下来黄树文先生画的《湖岩春色》。这张画给我的印象是，它完全忠实于它的对象。它是用笔墨把肇庆的风景画出来。从前对于人物有所谓"画影"（不知是否此两字）？我的父亲曾照过相,可是,他死后我母亲曾请人画了一张他半身官服的像。这张画是忠实于父亲的形象的。我的印象是黄树文先生的《湖岩春色》画的是肇庆的风景。不知对否,但是我的印象是这样的。从前有副对联说:"春水船如天上坐,秋山人在画中行。"看了黄先生的画,我也在画中行了。

在站立和走路都不方便之后,我没有努力克服困难,政治活动参加得越来越少,思想也越来越落后了。在这种情况下,参观画展这样的事情也就提不到日程上来了。

在艺术方面,中国对世界文化的最大贡献之一,就是山水画。古人论山水画,确实有许多玄学。我认为,这许多玄学与山水画都不相干。这不是说山水画没有哲学背景或根源,这个背景或根源就是天地与我并生,万物与我为一。这个哲学有弊,也有利。弊很大,克服天地的能力小了。但是这个哲学也有有利的一面,它没有要求人自外于他自己的小天地(天性),也不要求人自外于广大的天。"松下问童子,言师采药去,只在此山中,云深不知处。"这位童子对于他所在的山何等放心,何等亲切呀!比这更好的例子一定很多,不过我读的诗极少,想不出更好的例子而已。

我个人对山水画也是有偏爱的,来源主要是邓叔存先生。他收藏的画非常之多,山水画尤其多。我一有机会就到他家看山水画。故宫也有好些水印出来的古画,我也有,现在遗失了。邓先生懂山水画,如请教的话,他也乐于讲解。看来中国山水画

>>> 金岳霖由报纸上的画,想到黄公望、黄鹤山樵、倪云林、沈石田、文徵明等人的江南水乡。图为明代文徵明《木径幽居图卷》。

>>> 金岳霖个人对山水画也是有偏爱的,来源主要是邓叔存(邓以蛰)。图为邓以蛰夫妇和长女邓仲先(右三)、次女邓茂先(右五)、长子邓稼先(右一)在一起。

和西洋的山川风景画不一样。它没有西洋画的"角度"或"侧画",它有的是"以大观小"。叔存先生送给我一张他自临朱德润的山水画,这张画就是很好的以大观小的例子。我在夏天仍然挂着它。他讲南宗、北宗,自己倾向南宗,喜欢用笔的中锋,喜欢写画,不喜欢画画。他对画有这样的要求,我也跟着有这样的要求。这是就画本身说的。

山水画的中心问题是意境。这里看来有一个哲学问题,我没有很好地思考过这个问题。我的初步看法是,一张画可能有两方面的意境,画者的意境和看画者的意境,二者完全符合恐怕很少。我们最好用钱松嵒先生的最近的伟大的作品为例。

上面既然提到钱松嵒先生,我要借此机会表达我的敬意。我头一次看见他的画的印品,是在《人民画报》上,画的是密云水库。我看了那张画,也就看见了劳动人民的伟大建设,既有长城,也有帆船乘风远去,既古老而又崭新,高兴极了。可是那张画远远比不上最近为了庆祝党的第十二次代表大会而画的《山欢水笑》。我认为,这张画不是中国山水画的最高峰,也是顶峰之一。当中国的劳动人民举国同欢的时候,山山水水也沸腾起来了。这就是这张画的伟大意境。仅仅有了伟大的意境当然还不够,还要看画得怎样,执行得怎样。钱先生的执行也是头等的,也应该说是伟大的。先讲笔墨吧,钱先生没有把大块的墨汁涂在纸上,看来整张画是用笔的中锋写出来的。画中的空白怎样处理的呢?它既是空白,又是画,好些画家都能够这样用空白,

金岳霖

>>> 既然提到钱松嵒,金岳霖要借此机会表达他的敬意。图为钱松嵒进行写生教学。

钱先生所留的空白是水蒸气似的泡沫的飞扬。瀑布的声音虽大,若没有泡沫的飞扬,欢腾的气氛仍然得不到。声音靠瀑布,声势靠所留的空白。空白的意义和作用就和画家普通所留的空白大不一样了。最后,还要提一提那几只鹿。鹿在古时一直象征君民和睦,现在当然没有什么"君民"了。但是高层领导和低层干部比起古时候要配合得多、密切得多的共同奋斗,才能得到预期的结果。说了上面一大堆的话,只表示我的学习而已。

现在提一提作者的意境和看者的意境问题。一张山水画是一件客观事物,它对作者和看者说是一样的。但是,意境可不一定,它很可能完全不一样。画与意境的关系有点像语言与思想的关系,不过一般地说,除文学作品之外,要复杂得多。画者的意境看者可能得到,也可能得不到;不能得到时,仍然有看者自己的意境。作者的意境因画已经画出,好像已经摆出来了,推动他画的动机也已经实现了,他没有什么话要说。看者不同,他没有画,可是他有意境。看者之间,可能因意境的不同而引起意见的不同,也可能因意见的不同而发展为争论。显然,这是好事。这很可能引起画家的努力,使山水画来它一个"百花齐放、百家争鸣"的新局面,这样中国山水画就得到复兴。

▷▷▷ 钱松嵒所留的空白是水蒸气似的泡沫的飞扬。瀑布的声音虽大,若没有泡沫的飞扬,腾欢的气氛仍然得不到。声音靠瀑布,声势靠所留的空白。图为钱松嵒《古塞新湖》。

第三节

我对古树有兴趣

对于古物,一般地说我的兴趣非常之小;对于古人,有些我有很大的兴趣,包括汉武帝、汉光武和唐太宗,对武将的兴趣可能大于对文人,对孔子一点兴趣也没有。可是对于现在还活着的个体古物,兴趣很大。我说的是树,不是活的火山那样的东西。

头一类我注意的古树是银果树。北京有一棵相当大的银果树,在潭柘寺。现在到潭柘寺去很容易,可惜我不能去看它了,想来它仍然健康地存在。另一棵在山东莒县,有照片。据说还有一棵在日照,没有看见过照片。南方有没有同样大的,不清楚。

中国最古最大的树在台湾,它是红桧树。照《辞海》的条文说,它的尺寸如下:高五十八米,直径六米零五,按直径计算,身周应为二十米。这确是庞然大物。年龄在三千年以上,在孔子活着的时代,它已经是古树了。就现有知识说,它是中国最古最大的树。

湖北的神农架有很古的树,有些也是很大的,例如铁杉树。有一棵高四十六米,直径三米三八。这也就很大了。这种树在湖北还不少。别的地方多不多,不清楚。它有一特点,它的分枝向外伸时,同时也向下伸。这,我不觉得难看,反而好看。它有点像人伸出胳膊似的。南方樟树很多,也有很古很大的。有一位向昌明先生说,"湖南会同县有一棵樟树高四十米,胸围十三米一,直径应为四米一二"。根据尺寸,这是特大的树。据向先生说,这棵树一百多年前已经上了会同县志。可见很早就有人注意到它。樟树不是长得快的树,曾有人要把它砍掉,万万砍不得,应该承认它是国宝,同时它也是现在所知道的中国的第三棵大树。

离这棵樟树不太远的地方,广西龙州县有一棵"橡树王",高达十二层楼那样高,胸径两米九六。橡树是硬木树,长得慢。它能够长到这样的尺寸,应该承认是很少见的。

最后,我们提到中国第二棵大树,它是西藏林芝县的一棵柏树。柏在中国是一种常见的大树,北京公园见到的就不小。山西的那棵"秦树"已经是少见的大柏树,可是,远没有林芝县这棵大。林芝这棵高五十二米,胸径四米五,胸围十四米二。它是现在所知道的中国的第二棵大树,可是年龄没有估计,但是一定很古,它也是长得慢的树。

>>> 北京有一棵相当大的银果树,在潭柘寺。图为潭柘寺四周茂密的树木。

>>> 1961年,金岳霖(右二)等人在黄山留影。

松与柏是经常并提的。我没看见过,也没听说什么地方有特别大的松树。古的可能有。北海前面的团城里有一棵白皮松,可能相当古了。有人曾说,白皮松,皮愈白,树也愈老。有没有根据我不知道,如果对的话,方才说的那棵就很古了。它不只是白,而且很美。"松年"有长寿的意思,但是究竟什么地方有两三千年的古老的松树呢?

金岳霖

>>> 松与柏是经常并提的。金岳霖说没看见过,也没听说什么地方有特别大的松树。古的可能有。图为清代沈铨《松鹤图》。

第四节

我喜欢栀子花

多年不同花打交道,也没有从前玩花的条件;怕想它,也就不想它了。其实,从前我也没有玩花的条件,我不是房产或地皮所有者,因此对有些心爱的木本花,住在北京的人是没有办法的。例如,昆明龙头村李老师的那样的大红茶花树,在北京是无法养成的。邓叔存先生在安徽的老家,也就是邓完白先生在安徽的老家的黄梅树,在离家四十多里远的地方都可以看得见的,在北京也是没法办到的。我还有相当悲哀的经验。我在花市上买到一棵荷花玉兰,是盆中长大的。北京的玉兰是酒杯玉兰,花是酒杯形的。荷花玉兰形似荷花,叶的特点是面绿底棕色,香有acid 的感觉。这盆花的问题是盆太小,树太大了。我想最好的办法是种在清华图书馆前面。有位姓金的馆员反对,理由是挡住了阳光,不能工作。有道理,没办法。看来在盆养的条件下,

>>> 邓叔存安徽的老家，也就是邓完白（邓石如）安徽老家的黄梅树，在离家四十多里远的地方都可以看得见。图为清代罗聘《邓石如登岱图》。

荷花玉兰迟早总要死去,不久也死了。

栀子花是我最喜欢的花之一。在南方因易活而贱,在北京可不容易养。它喜欢酸性的水和土,而这又是北京所不容易办到的。北京的水土都是碱性的。几个月之后,花叶就变黄了,花也不开了。茶花在北京容易活,可是不能在室外过冬,也就不能成大树。黄梅在北京易活,也可以在北京露天过冬。据说原在西城的广济寺就有两棵露天的大黄梅,但是我没有去看过,不敢肯定。我从前有两大盆,冬天开花时都是由两个人抬到客厅的。牡丹除姚黄外,我并不喜欢,而姚黄我也只喜欢起楼的或双层的。我买过一棵姚黄,有花房的时候好办,不然事就多了。在北京能把剑兰养好,那就是养花事业的大成绩。

我不是研究植物的,不敢说花有无社会性,但是种和养都是有社会性的。现在可能还有人住平房,平房将来总是要被淘汰的。私人不可能养木本花。木本花归国家后,养花事业会更加发达。北京可建好些花林,如玉兰林、海棠林、丁香林(紫白都有)、黄梅林(北京露天安家还要花工夫)。每一林区都要夹杂地种些紫藤,搭起棚架,俾游人喝茶休息。有些"林丁"(即办事员)同时是警察,折枝应成为犯法。

北京没有露天的大红色的花。我们应该请植物学家想办法让云南大红茶花和石榴花逐步北移,移到北京来。

北京有一种花不太大、色也不太红的海棠花,颐和园乐寿堂从前有两棵,很好。旧燕京大学西门对过的吴达铨花园里有几

>>> 1982年,金岳霖(前中)和中国社会科学院哲学研究所的同事们在一起。后排右九为金岳霖的学生、本书的整理者刘培育。

棵很好的海棠，不知道现在还在否。中山公园的海棠从前是不够理想的，现在怎样不知道。无论如何北京应该有海棠林。黄刺梅应保留，不要太多，小孩可能碰出毛病。榆叶梅，花不易落，容易变黑，可以淘汰。花的形只能用花形本身来形容，例如起楼的姚黄形或多瓣大花形，如云南的茶花形。用普通的"四方""三角"来形容花没有什么用。色不同一些，普通的字用处大一些。英国人的宝贝叫做 Rose 的花，北京叫做"月季"，不是玫瑰，后者是京西妙峰山产的那样的花。我曾有过两盆很好的月季花，开花时我曾把它摆在睡房里。这办法不卫生，不要照办。那时比较难得的是黄的，现在这花养的人多，黄的可能不少了。虽然是木本花，然而是盆景，现在楼房条件下仍可以养。

花的色主要是红、黄、白及深浅方面的变化。有绿牡丹，我所看见的只略有绿意而已，并不真绿。有黑牡丹，据说从前的崇孝寺有很多。中山公园有一棵名叫众生黑，名字为什么带佛教味，我不知道，颜色只是深紫而已。我看见过的真正的黑花是在蜀葵上生出的。蜀葵的茎相当粗，也相当高，但是它是一年生的，应该是草，只是又高又粗的草而已。

花的很重要的一方面是香，可是形容起来很不容易。上海从前有些女人头上喜欢插几朵白兰花，人们习惯于把那些女人的俗气转移到花上。这不是"不白之冤"，恰恰是"白之冤"，白好像也俗起来了，白兰花的香好像也俗起来了。香不可俗，也不能雅。

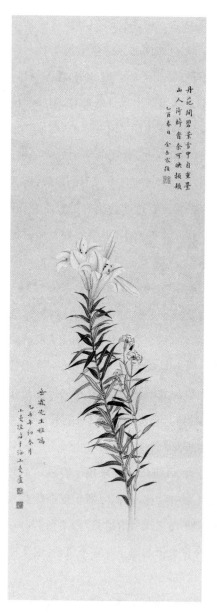

>>> 花的很重要的一方面是香,可是形容起来很不容易。上海从前有些女人头上喜欢插几朵白兰花,人们习惯于把那些女人的俗气转移到花上。图为金岳霖题、陆小曼作的花卉图。

这涉及剑兰。你把剑兰摆在旮旯里,你走到它的旁边,左闻一下,右闻一下,它不理你,只好回到座位上去;这时忽然间最美妙的香味来了。这香也不能说"雅",最恰当的字是"幽"或"清"。

在楼居条件下不成大树的木本花仍然可以养。月季就有人养,据说黄的已经很多,我听了很高兴,当然大红的也很好。只要有高脚瓦盆,姚黄牡丹也可以养。云南的大红茶花也容易养,只是高大了,仍不能立地顶天。

从前秋天有菊花。这种花是我们的祖宗花了很大的力量,并且用很长的时间培养出来的。若提万紫千红,万黄千白,只有这类花能担得起。我同它的接触是偶然的。清华从前有一位学监杨先生,他的一个大兴趣是种菊花,并且每年秋天他都有一个小型展览,我每年都去参观,有时他也参加大的展览会。杨先生有培养菊花的嗜好。他在清华大学工作,又得到培养菊花的场地这样一个优越条件,所以他能做出很大的成绩。看来菊花事业也要公家来办理才行。

前清末年曾有过要唱清国歌,选清国花的问题。前清国歌定了,我也唱过,现在只记得头两句:"乌万斯年,亚东大帝国……"选国花不知道干什么,可能是制定国徽,无论如何要的是国花。我们现在没有国花问题。但是从我们一些人所爱的花说,我认为它是玉兰,酒杯玉兰,不是荷花玉兰。树也有类似的问题,同我们的历史纠缠得最多的很可能是银杏树。我们也没

>>> 金岳霖觉得,把剑兰摆在旮旯里,走到它的旁边,左闻一下,右闻一下,它不理你,只好回到座位上去;这时忽然间最美妙的香味来了,这香也不能说"雅",最恰当的字是"幽"或"清"。图为清代恽寿平《九兰图》。

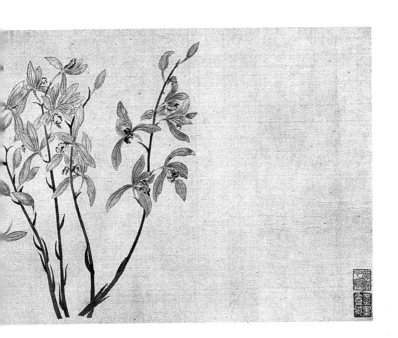

有国树问题。但是当我们看见树就好像看见了我们的古史时,我们也会是看见了银杏树,而不是什么别的树。作为树,银杏最能代表我们的国家。澳、新地区曾以桉树送给我国,这次总理访澳、新时以银杏回送,这是最妥当的事。

第五节
斗蛐蛐

斗蛐蛐(或斗蟋蟀)是中国历史上人们广泛地进行的游戏,我参加过这种游戏,这游戏涉及高度的技术、艺术、科学,要把蛐蛐养好、斗好,都需要有相当的科学。头一个好蛐蛐,我听见形容过的是萍乡煤矿局的职员养的,当其时有人形容它说:"它是乌鸦全身黑,好似恤侯张翼德,千员战将不能当,大小三军皆失色。"当时的想法是先打长沙。长沙攻下的话,不在武汉停留,直下上海。当然没有能够执行,财权和蛐蛐所有权的阻碍都很大。"英雄无用武之地",不只是人有时的悲哀而已,蛐蛐——特出的蛐蛐,也可能有类似的遭遇。在北京,头一次养蛐蛐就得到一只红牙黑蛐蛐。它不算大,只有九厘八。可是,在试斗的头一天,它一口就打败了一个一分重的翅子(这是不应该的,应该完全分量平等)。不是乱斗的话,这个蛐蛐是有相当好的前途的。

>>> 1938年,金岳霖(右一)与梁思成、林徽因、陈岱孙等友人在昆明西华亭内住所。

次年又看见了一只很美的蛐蛐,是一个知识分子样子的青年拿了一只油光四射的黑蛐蛐,问我买不买,他要15块钱。我没有买,我疑心那是一条人工孵出来的蛐蛐。究竟是否如此,不敢说。

我养蛐蛐的时候,传说余叔岩先生有一条一分六的大蛐蛐。一分一二已经了不得,何况一分六。这样大的蛐蛐得配对来斗,至少在北京是不可能的,它有点像印度人的大白象,非常尊贵,可是毫无用处。假如余先生有今天的飞机之便,他的大蛐蛐可以打到上海和广东,也可能成为中国那一年的"全国蛐蛐大王"。

金岳霖

>>> 金岳霖养蛐蛐的时候,传说余叔岩有一条一分六的大蛐蛐。一分一二已经了不得,何况一分六。图为余叔岩与梅兰芳在国剧学会中联奏。

第六节

车是极端重要的

下面我要谈谈我所接触到的北洋军阀时期的小京官的生活,"接触"当然只能是极小、极小的面。

头一个是陆小曼的家庭。她的父亲是财政部的左右丞之下的小官。家里有一匹马、一辆四方的马车,这就是说,已经不是骡车了。母亲身体短小,能说会道,父亲不大说话。家里还有一个年轻的新姑娘,是预备做妾的。在徐志摩追陆小曼之后不久,新姑娘被解放回家了。

另一家是外交部的小官唐在章家。唐在章的两个哥哥,可能都是相当大的官。他的太太也是当时的有名人焉,好像还参加过民主革命。她是很能干、很有见识的人。家里有三个小孩,大姐、二哥、小"老薛",为什么叫"老薛"?直到今天我也不清楚。

>>> 陆小曼 1926 年与徐志摩结婚。北洋军阀时期,陆小曼家里有一匹马、一辆四方的马车。图为徐志摩与陆小曼在中山公园游玩。

我和这一家的朋友关系时间长了,现在和"老薛"仍然是隔些时总要见几次面的老朋友。

唐在章曾说我是她最老的小男朋友,我听了高兴极了。友谊的开始也很特别。小孩总是要听故事的,我那时能讲的故事最方便的是福尔摩斯的侦探小说,这可合他们的口味了。我没有记住讲的次数,总是不少的。

唐家很可能有一辆汽车。有一次唐在章先生约我到他家吃午饭,他是坐汽车来请我的。但是,是自备的汽车,还是临时叫的就不知道了。

在对这两家的介绍中,都着重地介绍了这些京官的车。在北京,车是极端重要的。从交通工具与速度说,面积如此之大的现在的北京市,比起封建的清朝末年的北京城可能还要小些。我到北京来考清华的时候,住在西单北边不远的一个学堂里。我的六哥住在金鱼胡同的税务学堂里。我到他那里去,要坐车经前门、北大清门南的棋盘街才能去金鱼胡同。据说更早的时候就更麻烦些,要出宣武门进崇文门。我这样的学生可以坐从日本介绍来的洋车,路远一些的话,洋车也就不行了。我考取了之后,是坐骡车到清华学堂的。那时候,要从清华进城的话,我的习惯是骑驴到海淀,然后从海淀坐板车到西直门,板车只是没有罩而可以多坐一些人的骡车而已。(那时候,从清华进城也可以坐火车到西直门,可是时间很不方便,我没有坐过。)

>>> 在对这两家的介绍中,金岳霖都着重地介绍了这些京官的车。在北京,车是极为重要的。图为那个年代已经开始营业的人力车。

第七节
中国菜世界第一

我在北京的日子长,旧北京是无奇不有的地方。在清华教书的人大部分住在学校,也有一些因种种理由住在城里,我就是住在城里的。下面我先提"食"或"吃馆子"来谈谈。早期馆子不太多,可是有能同时开出几十甚至百多桌酒席的。隆福寺街就有这样一家馆子,名字忘了。前门外大栅栏也有一家。隆福寺的那一家,我在那里吃过饭,不特别好。小馆子却有特别好的,例如前门外的恩承居,再往南一些的春华楼。还有很特别的正阳楼,它是小馆子,但是螃蟹上市时,它似乎有一种优先甚至垄断权,无论如何最好的螃蟹就到它那一馆子去了。

还有一种是小官僚家庭,家里的太太或者姨太太,能够做一些很特别的菜,如果你认识或你的朋友认识这一家庭,你可以在他家请客。谭家菜就是这样出名的。

最后，还有单枪匹马的厨师。林宗孟先生遇难后，他家的厨师失业了。知道他的人还是不少，还是可以请他做菜。胡适就请他做过菜，地点在北海董事会堂。我在座，很好吃。这位厨师后来一定回福建去了。

中国菜世界第一，这是毫无问题的。中国菜中很可能是北京菜或在北京的山东菜第一。广东菜、四川菜、福建菜都是各有专长，而又各自成体系的中国菜，能与北京菜比美。别的地方的菜虽有专长的，可是不成体系，只是独特的菜而已。例如湖南菜中有谭延闿先生的"鸡油冬笋泥"，油少泥多特别好吃。这只是独特的菜而已。湖南的腊肉好吃，并且相当靠得住的好吃，但是我们也不能开出湖南的腊肉席来。所谓"席"，就是请客的主人就当时所请的客，特别是主要的客所考虑到的、最好能起招待作用的一桌菜。席在从前是分等级的。所谓"满汉全席"可能是最高的，余生也晚，没有看见过。除此外，最高的是烧烤席，主菜是烤得焦黄的、无头的、无内脏的、无尾的、一尺左右长的小猪。这个菜的的确确的好吃，可现在又的的确确的不能提倡，这显然是极端的浪费物资。现在主要的席看来是鱼翅席，在50年代或60年代我所参加过的国宴，差不多都是鱼翅席。在湖南，从前还有次等的席，如海参席、蛏干席。我小的时候没有吃过鱼翅，我最讨厌海参，可是话要说回来，北京出名一时的谭家菜中主要之一是焖成溶质的海参，蛏干还不坏。北京馆子里似乎不分什么席，而是用钱来衡量，有一时期八块钱是最低的。

蔡岳霖

>>> 林宗孟（林长民）遇难后，他家的厨师失业了。知道他的人还是不少，还是可以请他做菜。图为林徽因与父亲林长民一起进餐。

篆前甘雨菊移時晚
青雨蕊香陽不堪折映
日蕭條醉冬醒殘花
爛熳開何益以離邊野
孤多家芳采籬細續
升中堂 並闓

>>> 谭延闿曾任国民政府主席,他好美食,混了一生,落下"混世魔王"的诨号。金岳霖认为湖南菜中谭延闿的"鸡油冬笋泥",油少泥多,特别好吃。图为谭延闿的书法。

关于中国菜,有两点我要提出谈谈。首先,它一直是各地方的菜,一个很自然的发展趋势是仍然各自发展下去。我看这是好事,应该鼓励。另一点是现在还没有的,要有意识地创造地比较可以代表全国的中国菜。这不只是汉族的菜而已,而且包括少数民族的特别好菜。有一次,我记得是周扬同志安排的,我们在民族文化宫吃了一大碟烤羊肉,真是美味呀!在外国时,我特别喜欢到土耳其馆子去吃那里的烤羊肉,喝他们特有的浓咖啡。没想到在文化宫又吃到了那样好的烤羊肉。这里说的只是新疆维吾尔族的好菜之一而已,别的民族一定也有他们好菜,我们也可以加以推广。这样人民大会堂的厨师,天长日久之后,在招待各国元首或其他领导人的时候,就能展出真正代表中国的中国菜。

回忆录中提到饮食的地方很多,下面还有。这是有理由的,古人曾说"饮食男女,人之大欲存焉"。本文不提男女,一是因为男女是神圣的事情,不能随意谈;涉及别人,并且异性,也不应随意谈。饮食是大家所关心的,也是大家所经常谈论的。我第一次出国(那时叫"出洋")后,也和其他的青年一样感觉到洋饭难吃,星期六晚上总要到中国饭馆去"过瘾"。可是,吃洋饭不到半年,好些人都长胖了。这就是说味不行,营养还是好的。

其实,当然也不只是营养而已,英、法、德、意、美的伙食都有专长。比较起来法国最突出,在巴黎,我只提我的两次经验。一次是在法国总统府附近的海味馆。在那里我第一次尝到大龙虾

>>> 有一次,金岳霖记得是周扬安排的,他们在民族文化宫吃了一大碟烤羊肉,真是美味呀!图为周扬与梅兰芳(右一)、周信芳(右二)在天安门城楼观礼台上。

的美味,那一次也是所吃到的最大而又嫩的大龙虾。以后我一有机会就吃龙虾,可是没有一次可以和那次比美。另一次是在圣米歇尔广场吃到马塞的特别菜,名字写不出来,声音读如"布呀贝斯",这个菜可与四川的鱼头豆腐比美。德国菜似乎无特长,最可靠的是烤鹅。这个菜到处都有,也到处都可口。英国的早饭很好。有一家很特别的烤牛肉店,客人要牛肉,堂倌就推出一车整个牛来,要你挑选你所要的那些部分的肉。那个馆子的烤牛肉特别好吃。可是,英国人把蔬菜或青菜埋葬在"煮"这一手术中,青菜的好味都没有了。

我只会吃菜,不会做菜,烹饪这一艺术无法谈论,可是,有些手术我听见厨师说过。西菜的主要手术是烤,中菜的长处很多,但是别于西菜的手术是炒。法国有一种近乎炒的手术,看来不完全是炒。但是有两种蔬菜,法国人做得特别好,一种是生吃,另一种有点像百合似的,一片一片地吃。

金岳霖

>>> 金岳霖在法国圣米歇尔广场吃到马塞的特别菜,名字写不出来,声音读如"布呀贝斯",这个菜可与四川的鱼头豆腐比美。图为圣米歇尔广场。

第八节
我有次想"自寻短见"

提到喝酒,想起醉。解放前喝黄酒的时候多,醉也大都是黄酒的"醉"。黄酒的"醉"有恰到好处的程度,也有超过好处的程度。前者可能增加文学艺术方面的创作,超过程度就只有坏处。白酒的"醉"我就不敢恭维了。就"醉"说,最坏的"醉"是啤酒的醉,天旋地转,走不能,睡不是,坐也不是,吐也吐不了。

上面说的是因酒而醉。

我从前是抽烟的。水烟抽过,不太喜欢。纸烟抽得最多,曾有瘾。好的抽惯了,贱的简直抽不得。斗烟我很喜欢,并且把烟斗作为美术品来欣赏。烟味最好的是雪茄。在德国,我曾抽过一支其大无比的雪茄,一次抽完,醉了。在抗战困难时期,四川人曾在"得"字、"不"字、"了"字三个字上做文章,说当时的日子"不得了",可是将来的日子会"了不得"。烟醉只是

金岳霖

>>> 金岳霖从前是抽烟的,水烟抽过,不太喜欢。纸烟抽得最多,曾有瘾。图为金岳霖在看书时抽烟。

"不得了"而已。

我这个人从来乐观,唯一想"自寻短见"或"自了之"的时候,就是那一次烟醉的时候。

第九节

我更注意衣服

上面说食。其实,在生活小节中,我更注意一些的是衣服。这不是怪事。我的父亲是清朝的小官,我不直接知道他属几品,可能是三品,因为我母亲后来被称为"金母唐太淑人"。据说"淑人"属三品,据此可以推出父亲可能属于三品。他的官虽小,衣服可多。其中有特别怪的,例如用切成了一寸或半寸长的空心小竹,用丝线穿连成三角形或四方形的图案织起来的贴心小褂。穿上这样一件小褂,当然等于不穿。可是在这样一件衣服上面可以穿上蓝的铁线纱袍,黑的铁线纱马褂,这两件衣服也都不会沾上汗水。冬天的衣服没有特别怪的,可是数量多。其中袍子和普通袍子不一样,它的袖子是马蹄袖,下部不只开左右两衩,而是左右前后共开四衩。我特别欣赏花衣。花衣是上面有盘龙图案,下面有海水图案,左右前后都开衩的马蹄袖长袍,冬夏都有。衣服看得多了,也就很早产生了对衣服的辨别。我

>>> 衣服看得多了,也就很早产生了对衣服的辨别。金岳霖从来没有反抗过母亲,可是也有例外。有一次,母亲带他出去做客,要他穿上绿袍红马褂,他大哭一场硬是不穿。就这样他从小就注意衣服了。以后有一个时期,他常穿西服。图为穿西服的金岳霖与林徽因等人在一起。

爱母亲,从来没有反抗过她,可是也有例外。有一次她带我出去做客,要我穿上绿袍红马褂,我大哭一场硬是不穿。就这样我从小就注意衣服了。

辛亥革命后,类似花衣、马蹄袖长袍、套子那样的衣服不能穿了。可是,在北洋军阀割据和蒋介石军阀专政时代,长袍和马褂都保存了下来。不但是保存了下来,而且成为这一时期的礼服。徐志摩同陆小曼结婚的时候,我是他的伴婚人。那时候我本来就穿西服,但是不行,我非穿长袍、马褂不可。我不知道徐志摩的衣服是从哪里搞来的,我的长袍、马褂是从陆小曼的父亲那里借来的。

礼服的构成部分只是马褂。那时在北京,长袍是冬天里必备的衣服。皮的长袍我就有两件。有一件是我在冬天里日夜穿着的,它是所谓萝卜丝羊毛制成的。另一件是以喇嘛红色的局绸为面子,以白的猞猁狲皮为里子的皮袍子。这里要特别提出讨论的局绸,我买袍面的时候,卖料小伙子就告诉我说"这是局绸"。我要他解释,他说他"不知道"。我后来问沈从文先生,他说:"江南织造局本局制造的叫局绸。"这才知道那袍子的袍面是古物。我本来是穿着它到处跑的,包括到北京大学去兼课。知道了之后,我就不穿它了。

局绸是古物,古物当然要保存。敬古物而远之,当然也好。但是,是古物的只是局绸而已,并不是一般的宁绸。

>>> 徐志摩同陆小曼结婚的时候,金岳霖是他的伴婚人。图为徐志摩、陆小曼的结婚照。

我认为我们应该恢复宁绸的生产。这种料子不像缎子那样发亮,也不像湖绉那样站不起来。素的男人可以做制服,女人可以做上衣,也可以做裙,并且可以利用有花的宁绸做各式各样的衣服。宁绸也和别的丝织品一样可以出口。

>>> 金岳霖买袍面的时候,卖料小伙子就告诉他说"这是局绸"。他后来问沈从文,沈从文说:"江南织造局本局制造的叫局绸。"金岳霖认为应该恢复宁绸的生产。图为沈从文、张兆和夫妇。

第十节
我养过黑狼山鸡

旧北京,每逢一四七,或二五八,或三六九有庙会。我经常去的是东城的隆福寺和西北城的护国寺的庙会。有一次,我买到了一对黑狼山鸡。养了不多的时间,公鸡已经到了九斤四两,母鸡也过了九斤。这对鸡对我虽然是很宝贵的东西,可是我没有让它们过夜的房子。冬天来了,我怕它们冷,找书做参考,书上说可以喂点鱼肝油,我用灌墨水笔的管子灌了它们一管子的鱼肝油,结果它们很快就在窝里寿终了。这是头一次养鸡。

到了昆明之后,我有一个时期同梁思成他们住在昆明东北的龙头村。他们盖了一所简单的房子,我们就在这所房子里养起鸡来了。这一次不是玩,养的鸡是我们的唯一荤菜。尽管如此,我仍然买了一只桃源的黄色毛腿公鸡。它也是油鸡,不算大,可是比起柴鸡来还是要大得多。

公鸡这东西生来就是霸权主义者,这个黄公鸡一战就把人家的柴公鸡打败了,从此小黄就在这村子里称霸起来了。我看这并不碍事,可是谢家的人不同意,管家出来,一棍子把小黄打死了。

回到北京后,类似的经验重复了一次,又是我的公鸡逞凶被人家打死了。

这里我想就鸡发一点议论。从吃鸡说,北京从前有很好的条件。第一有两种油鸡,一是小一点的,二是大的。小一点的油鸡特别好吃,它容易辨别,差不多全是绛红色的。就家庭说,现在的家庭都是小家庭,小油鸡最适合于小家庭。如果已经绝种,最好想法子进口一些,恢复起来是很快的。

大油鸡还是有用,用处应该说很大。国家招待外宾,如此频繁,大鸡更是不可缺少的。十只大种鸡的肉可能等于几十只小种鸡的肉,各机关的食堂都可以用大种鸡。

同时,中国的大种鸡非常之多。东北和山东有寿光鸡,江北有狼山鸡(即北京从前的"九斤黑"),上海有浦东鸡,也有养了多年而成为中国种的波罗门鸡,湖南有桃源鸡。好些大种鸡在云南保存了下来,恢复大种鸡好办。

关于鸡我要提出一个问题。解放前和解放后,我都主张所谓"线"鸡。我的了解在这里"线"是动词。"线"这个字代表我小时形容这一手术时说出来的声音,是否写时应该写"骟",现在我也说不清。我看见过好些次线鸡。手术很简单,把小公鸡的某一

鄧岳霖

>>> 金岳霖（右四）在西南联大时期，与朱自清等同事一起郊游。

>>> 金岳霖觉得大油鸡还是有用的,用处应该说很大,国家招待外宾,如此频繁,大鸡更是不可缺少的。图为金岳霖、林徽因、梁思成等人和外国友人在一起野餐。

(不记得是左是右)边的翅膀下的皮切开,把生殖器取出,然后把切处用线缝上。线过后的小公鸡有一天的时间不好过,第二天就好了。这样线过的公鸡,即令属于柴鸡种,也可能长到六七斤,甚至更大些,吃起来又肥又嫩。

这种处理鸡的办法,并不只是限制到长江以南而已。长江以北的安徽有,江苏可能也有,河南有没有不清楚。黄河以北,好像都没有。笼统地说,广大的北方没有。在广大的北方,农民只要学会线鸡,市场的鸡肉量是可以大大地增加的。这样的好事为什么不做呢?

方才说的鸡是就多余的公鸡说,无论是大种鸡还是小种鸡,油鸡还是柴鸡,线了都可以增产。我小的时候,只看见过线公鸡。长沙有没有线母鸡的,我不知道,云南有线母鸡的。线了的母鸡没有什么好吃,连头上都长了一层厚厚的黄油。谭延闿先生所发明的鸡油冬笋泥确实好吃。所谓"鸡油"是否就是方才说的那样的黄油,不清楚;如果是的,这个菜就不是日常所能吃到得了。

我认为鸭也有问题。在北京提起鸭似乎就只有北京烤鸭,烤鸭很好吃,但不是唯一吃法。我们说"烤",美国人也跟着说"烤",按照美国人的说法,"烤"是在有高温而无火的箱子里成熟,所烤的东西并不直接挂在火中。北京鸭是直接在火中成熟的,这在美国应该说是 Barbeque。这又是一个文字是约定俗成的东西的例子。

金岳霖

>>> 1941年,金岳霖从云南昆明到四川李庄看望梁思成、林徽因一家,在镇子里买了几只鸡来喂养。这是金岳霖(右五)与梁思成(右一)及孩子们在喂鸡。

我吃过一次姜丝炒鸭丝,"二丝"当然是以鸭丝为主,非常之好吃。这里用的就不必是北京的白鸭了,也不必是江北的淮鸭了,可能只是江南常见的小鸭。我小的时候,长沙有一个官僚地主式的人,在北门外的新河里养了一大群鸭。无巧不成故事,他的大名叫陈海鹏,喜欢弄文墨的人就作了一副对联:"欲吃新河鸭,须交陈海鹏。"

我回国后,没有吃过鹅。在德国的时候,经常吃鹅。烤鹅很好吃。人们有一个很怪的先入之见:"那么大的东西好吃吗?"有这一奇怪思想的人所假设的前提,是禽兽愈小愈好吃。所谓"小"有两个意义,一是与"老"相对的,一是与"大"相比。就家禽说,"老"的大都不如"子"的好吃,这并不是说"大"的一定不如"小"的好吃。一只大的线鸡和一只小的公鸡,味会有些不同,可是同样好吃。大的鹅和北京白鸭味会不一样,可是都好吃。我建议北京大量地吃鹅,也建议除直接在火中烤鹅外,也在高温烤箱中烤鹅。

>>> 1938年,金岳霖(右八)在西南联大时期,与林徽因等友人在昆明文津街院内。

第十一节

我最爱吃"大李子"

上面说的是鸡、鸭、鹅,事情好办。我个人的兴趣主要在水果、蔬菜方面,这一方面的问题要麻烦得多。它涉及区域、气候、水土等问题。

我小时候最喜欢吃一种水果,卖水果的人把这种水果叫做"苹果"(那时长沙没有苹果)。在美国四五年之后,忽然在纽约第五街看见了这种水果。它是用盒子装着的,每盒六个,一盒价两元四角美金。那时候我每月只有六十块钱(美金),可是拒绝不了,还是买了吃了。美国人叫它做 plum,我就叫它"李子",不过形容它为绿皮红肉的"大李子"。那是1919年或1920年的事情,以后我都没有吃过这种"大李子"。在60年代的头几年中,有一个8月间休息的机会,我到大连去休息。在8月底正预备回京的时候,在大连的大街上有许多农民样子的人卖这种"大李

>>> 金岳霖小时候最喜欢吃一种水果,卖水果的人把这种水果叫做"苹果"(那时长沙没有苹果)。在美国四五年之后,忽然在纽约第五街看见了这种水果。图为金岳霖与张奚若(右一)留学美国时,在纽约哥伦比亚大学。

子"。我高兴极了,买了四篓,在大连就吃起来了。大连的这种"大李子",比美国的大多了,每个大都是半斤以上的。这东西就是我最爱吃的水果。我最爱吃的水果,我一生只吃过两次,小时吃的不算。

芒果也是我喜欢吃的,但吃的次数也不多。苏东坡一天要吃"三百颗"的东西,我也爱吃。这件事我们要谢谢飞机和人造冰。假如我们过的是何绍基的日子,非到广东去吃不可的话,过迟过早的问题,仍然避免不了。

关于水果(我把瓜也算在一起)我也曾发点议论。某些事情我们非坚持统一不可,例如行政、领土,吃的东西的种类就大可以不必。我们现在供应的鸡,从照片看来似乎都是来亨鸡,或由它产生的白鸡,有人不喜欢吃这种鸡,我就是一个。现在供应的西瓜好像全是绿皮上有黑花样的西瓜。我喜欢吃"三白"西瓜(白皮、白肉、白子)。"三白"停止供应之后,我就不吃西瓜了。这对我来说是一个相当大的改变,也是不受欢迎的改变。

我又想到一种很特别的果,这种果名叫"火拿车"。它有点像苹果,可是从我的感觉说,比苹果好吃多了。它的名字本身就怪,暴露了它是按声音翻译过来的。好像曾有一位先生或女士名字叫傅乐焕的写过一篇考证文章,说这水果是金人占领北京时引进来的。果然如此的话,这水果不只是水果而已,就历史说,它有文物的身份。我们应该搞清楚实际情况究竟如何。如果树还在,只是果太小、太少,进入市场不合算,那不要紧。要是

>>> 苏东坡一天要吃"三百颗"的东西,金岳霖也爱吃。这件事要谢谢飞机和人造冰。图为近现代容祖椿以宋代苏轼《食荔枝》为题材的画作。

树也毁了,那就真糟。这不是纸上谈兵,而是重要的实际问题。如果发现有农民把这种树保存了下来,那确实是好事,要鼓励他保存下去。如果事实上树已经毁了,那我们应该承认,我们做了一件对不起祖宗的事。

第十二节
我欣赏的甜

蔬菜问题,更麻烦些。有一次我在上海碰见郑铁如先生,有人问他到上海干什么事,他说他来吃塔姑菜的(这里是按声音写的,究竟应如何写,我不知道)。郑先生当然只是在说俏皮话,可是,这也表示,某些蔬菜,只是限于某些地方,别的地方吃不着。后来我在上海也吃了这个菜,它确实好吃。回北京后,我打听过几次,回答总是没有。

甜是大都喜欢吃到的味,但糖的甜是一件相当直截了当的事,西洋式糖果的甜非常之甜,似乎是一种傻甜,好些人欣赏,我不欣赏,我欣赏的反而是杂在别的东西里面的甜。"大李子"的甜、兰州瓜的甜都是特别清香的甜,"清"字所形容的品质特别重要,可能只有生吃才能得到。芒果和荔枝都甜,我都喜欢吃,可是它们似乎在"清"字上都有不足,虽然它们也是生吃的。

>>> 金岳霖有一次在上海碰见郑铁如,郑铁如说来上海吃塔姑菜。图为1959年任职金融界的郑铁如在员工大会上讲话。

在这里,我要特别提出的是两种炒菜中的甜。一是炒胡萝卜丝的甜,说的是丝,不是片。炒菜总是有汤的,炒胡萝卜丝的汤是甜的,这种甜我很欣赏。另一种是炒丝瓜的汤的甜。这里说的都是炒菜的甜,不是煮菜的甜。

第十三节
我对猫的认识

回忆录中难免要夹杂一些议论,我现在就特别提出一种没有发展开来的议论。我好像听见过这样的议论——资产阶级爱动物,给它们盖房子、穿衣、吃肉,就是不爱人。我不同意这个论点。论点涉及的只是猫、狗、马,也不是猫、狗、马类,而只是这一或那一猫、狗、马而已。

在历史上,马居很特别的地位。中国历史上名马很多。我读书太少,只在一本书上见到元世祖有一匹很好的黑马。《三国演义》说关羽有匹好马。这可能是有根据的。那时没有照相机,样子如何,不知道。直到 1944 年,美国有匹差不多全国知名的名马,本名译音大可以不必,别名叫"大红"。"大红"为它的主人赢了好几百万美金,主人也优待它,让它在一个地方养老传代。我们大概不需要个别的特别的马,但是好马还是需要的。十多二十年前,我看见一匹套车用的英国种的大马,在东单商场外

>>> 1963年金秋,金岳霖在张奚若住所前。

>>> 金岳霖 20 世纪 60 年代的留影。

面,这种马在农村里可能还有用。私人养马的时代大概已经过去了。

狗的命运最差,专门看家的狗看来是没有用了(附带地说,杨布、杨朱白衣黑衣的故事大概是不正确的,狗靠的主要是鼻子得到的气味,不是颜色),不但城市里这样,农村里也是。但是猎狗还是要,可能品种还要增加。我看我们还应该引进一些专门猎狼、猎狐、猎野猪、猎禽鸟的狗。猎狗是要训练的,而训练只能在使用之中才能得到。这些猎狗无论有无本能,训练总是需要的。打猎总是业余的吧,在城市养狗不好办。就打猎说,最好似乎是城乡合作,工农合作,猎狗仍然可以养在农村。

在现在居住的条件下,私人能养的只是猫了。我小的时候住在长沙,家里有一只黑母猫,对它我一点好感也没有。隔壁屋里有一只黄公猫,黑猫经常找黄猫谈情说爱,黄猫不大响应。可是,家里后院鸡房底下经常有一尺长的老鼠,晚上就出来了,它也不管。对猫的认识,只是近几个月才得到的。原来猫的生活同人的生活是紧密地结合在一起的。在这里我要介绍一下我们这个综合的家庭,成员现在只有五人:梁家共有三人——梁从诫、从诫的爱人方晶、他的女儿梁帆,我的护士和厨师倪镜兰,我本人。家里养只猫,据说这只猫对方晶的感情最好,其次可能是梁从诫,又其次是梁帆、倪镜兰(或倪镜兰、梁帆),最后是我。近来它对我的感情有进步,我对猫的态度也完全改过来了。

>>> 在历史上,马居很特别的地位。中国历史上名马很多。金岳霖说自己读书太少,只在一本书上见到元世祖有一匹很好的黑马。《三国演义》说关羽有匹好马,这可能是有根据的。那时没有照相,样子如何,不知道。图为元代任仁发《出圉图》。

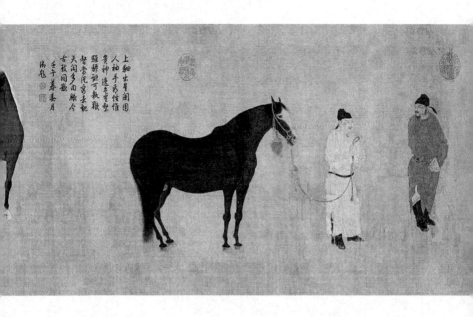

现在是7月了。今年6月间有一天,我正在写回忆录,猫一跳就上了我的桌子,并且站在我的稿子纸上。从前的"江城五月落梅花"说的是音乐,我现在说的不是音乐,而是绘画,我把猫赶走之后,才发现它老先生已经在我的稿子纸上"首都六月落梅花"了。

>>> 有一天,金岳霖正在写回忆录,猫一跳就上了他的桌子,并且站在他的稿子纸上。图为清代《雍亲王题书堂深居图屏·捻珠观猫》。

第三章

第一节
同毛主席吃饭

我同毛主席一共吃过四次饭。

第一次是在怀仁堂晚会上,时间是1957年。他大概已经知道我是湖南人,坐下来,就给我几只辣椒(好像特别为他预备的)。这一次最突出的事,是一年轻小伙子跑来抱住了毛主席。毛主席在他背上轻轻地拍个不停,这时主席饭也不能吃。后来有人(可能是青年的朋友)把那一青年请回去了。这件事充分表明人民的领袖和人民是没有任何隔阂的。

1957年还有两次午饭,都是在反右派斗争中开的小会。看来毛主席是在亲自参加一方面反章、罗,一方面团结知识分子的工作。

最后一次是在1959年之后,在"文化大革命"之前。这一次可以说是湖南同乡的聚餐。在座的主要客人是章士钊和程潜两位老人。程先生话不多;章先生话很多,他还给了主席两三张纸

>> > 金岳霖最后一次和毛主席一起吃饭是在1959年之后,"文化大革命"之前。这一次可以说是湖南同乡的聚餐,在座的主要客人是章士钊和程潜两位老人。程先生话不多;章先生话很多,他还给了毛主席两三张纸条子,不知道是什么。图为毛主席给章士钊信件的手迹。

条子,不知道是什么。在谈话中提到苏联,章先生说"西邻责言勿理也",或"勿顾也",或"非礼也"。我听了之后愣了一下,没有说什么。他们都是乡先辈,我不想多说话。散后,在归途车子里想到章先生那句话不是可以对"东里子产润色之"吗?当其时若想到了,说出来,主席一定会大笑起来。可惜我想得不够快,失去了当面作对联的机会。

听说毛主席是不让人为他祝寿的。我们朋友之间有几个人商量商量,认为这只是不让大家公开地祝寿。我们几个朋友私自聚集起来,庆祝庆祝未尝不可。这事就交我办。

在这以前,梁任公曾为他的老师康有为祝寿。寿联中上联的后面是"入此岁来年七十矣",下联中有"亲受业者盖三千焉"。我想这个调调可以利用。我就主张联文如下:"以一身系中国兴亡,入此岁来年七十矣";下联是"行大道于环球变革,欣受业者近卅亿焉"。

叔存邓以蛰起先没有说什么,大概有点不满。后来我也想到"年"字硬邦邦的,是不是可以改为"已七十矣",叔存高兴了,看来他有同样的看法。叔存写了两副,一是用楷书写的,另一副是用他的特长篆字写的。定稿是:

以一身系中国兴亡,入此岁来已七十矣;
行大道于环球变革,欣受业者近卅亿焉。

第二节
向周总理学立场

前一时期的领导同志当中,对我这一年龄层的知识分子来说,交往最多,对我们影响很大的是周总理。早在1949年,我们就经常在北京饭店看见他,听他讲话。头一个印象就是共产党员也仍然干干净净,整整齐齐,而谈吐又斯斯文文,总的印象是非常之特别,又非常之平常。这些只是小的接触而已。

大的接触是知识分子思想改造的动员报告。周总理在这个报告中讲的是立场问题。先讲民族立场,从革命的要求说,仅有民族立场是不够的,我们要进入人民立场。从彻底的革命说,人民立场仍不够,要进入工人阶级立场。他说他犯过错误,他的错误把他暴露在上海的大马路上。他的报告可能有两个多钟头。对听众说,这个报告是一个突出的经验。听众好些都是五十过头的人,我就是。我从来没有听见过,有周总理这样地位高的人在大庭广众中承认自己犯过错误。对我们这些人来说这是了不起的大事。接着思想改造运动,或称"洗澡运动",就展开了。我作了一个自我检查报告,满以为我在民族立场上毫无问题。我的话是有根据的。在日本占领北京之前,我有一次碰见钱稻孙,他那时是清华的图书馆长。我表示非抗日不可。他说万万抗不得,抗不只是亡国,还要灭种。我很想打他,可是受了"不能打"这一教训的影响,没有打。我说了之后,听众反驳说:我们想的是,蒋介石让美国船在长江自由航行,你一句反对话都没有说。我不得不承认在这一点上,我确实丧失了民族立场。群众的眼睛是雪亮的。

周总理曾说过民族立场不够,最后要工人阶级立场。这完全正确。立场观点方法应该是同样重要的,但是在某种特别情况下,立场显得根本。1948年12月间的北京就处于这样一个特别的时期。在这一时期,一些人就离开。离开的人当中年纪大的不多,刘崇鋐先生可以算是年纪大的。走的大都是中年人,并且是容易到美国去谋生的。有一对年轻夫妇,从美国到清华只有几天,马上又回美国去了。这一事实表现得清楚无比,民族立场留不住这些人,阶级立场却能够使他们离开祖国。

一叶凋零,深秋将至,季节如此,风尚亦然。在上述时期以前,青年人就说起下面这句话来了:"北大老,师大穷,清华、燕京可进攻。"事实是北大和师大都是中国味重,本地味重;清华、燕京洋味重。重洋轻中,早已成为风尚。

>>> 周总理曾说过民族立场不够,最后要工人阶级立场。这完全正确。立场观点方法应该是同样重要的,但是在某种特别情况下,立场显得根本。1948年12月间的北京就处于这样一个特别的时期。在这一时期,一些人就离开。图为新中国成立后,金岳霖和留下来的林徽因、梁思成等人在一起。

不但青年学生有此风尚,居民有时也暴露这一风尚。我自己没有看见,据说春节时有人在西交民巷住宅的大门口贴上门联:"望洋兴叹,与鬼为邻。"这里虽说"与鬼为邻",可是仍"望洋兴叹"。

文章歪到"洋"上面去了。我们还是回到立场上来吧!在"文化大革命"初期,有一天一同事向学部①一派的头头问关于对待大领导的看法问题。这位同事第一就提出总理,那个头头说:"总理么……总理么……"连"么"了几声。这位同事又问:"林彪呢?"那个头头很快就回答:"他行。"我听了之后马上贴出一张大字报,拥护总理。我从总理学立场,连拥护总理的立场都没有,那怎么行?

---

① 学部,即中国科学院哲学社会科学学部的简称。

第三节
最好的榜样艾思奇

解放后的头一年多的样子,我接触最多的是艾思奇同志。我非常之喜欢他,也非常之佩服他。他到清华讲演时,前一时期对形式逻辑的成见看来还没有取消。我是主持讲演会的。他骂了形式逻辑一两句话之后,就讲辩证唯物主义。讲完之后,我和他边走边说话。我说你骂了形式逻辑之后,所说的话完全合乎形式逻辑,没一点错误。他说有那样的怪事。张奚若在我的旁边,扯我的衣服,我也没有打住。我是在"找错"的思想指导下听讲的,他的讲演确实逻辑性很强。

院系调整以后,全国的哲学系都集中到北大来了。讲辩证唯物主义和历史唯物主义这一课的,开头也就是艾思奇同志。哲学系全系师生都特别欢迎他,很可能讲了相当长的一段时期。这实在是一个最好的安排。

金岳霖

>>> 哲学家艾思奇,早年留学日本,曾任中央党校副校长,著有《大众哲学》等著作。金岳霖非常喜欢他,也非常佩服他。图为艾思奇像。

理论不是短期内可以改造的,主要的是榜样。艾思奇同志是最好的榜样。他实事求是、公正、和蔼可亲,好像根本没有一丝一毫的先进于马、列的感觉。而这也就是当其时最需要的。

我当时就作了下面的对联:

> 少奇同志,思奇同志;
> 湖南一人,云南一人。

金岳霖

>>> 理论不是短期内可以改造的,主要的是榜样。艾思奇是最好的榜样。金岳霖当时就作了下面的对联:"少奇同志,思奇同志;湖南一人,云南一人。"图为金岳霖在书房。

第四节
"大人物"章士钊

有一次我在午门碰见章士钊先生,哪一年我可不记得了。

这一次简单的几句话,蛮有意思。我说你只比我大十三岁,可是,我曾经把你看做大人物,背过你的文章。那篇文章开头几句是"为政有本,其本在容。何以为容?曰,不好同恶异……"他说:"这很简单。我比你大十三岁,但是,在你一岁的时候,我比你大十三倍。你十五岁的时候,我已经二十八了,正是写文章的时候。要是我一直比你大十三倍,那还得了,那我已经成为明朝的人了。"

这道理的确很简单。

劉岳崧

>>> 章士钊曾任北京大学教授、中央文史馆馆长,晚年大部分时间投入文史研究,其研究心得辑为《柳文指要》一书.。金岳霖把他看做"大人物",背过他的文章。他也是金岳霖的乡前辈。图为章士钊(立右六)与陈寅恪(立右九)、陈西滢(立右四)、傅斯年(立右二)等人1922年在德国。

第五节
最亲密的朋友梁思成、林徽因

我虽然是"光棍",我的朋友都是成家的。沈从文先生从前喜欢用"打发日子"四个字来形容生活;现在不用了,可见现在的生活早已不是"打发日子"了。但是,这里所回忆的生活是很多"打发日子"的生活。我当时的生活,到了下半天也是"打发日子"的生活。梁思成、林徽因的生活就从来不是"打发日子"的生活,对于他们,日子总是不够用的。

梁思成、林徽因是我最亲密的朋友。从1932年到1937年夏,我们住在北总布胡同,他们住前院,大院;我住后院,小院。前后院都单门独户。30年代,一些朋友每个星期六有集会,这些集会都是在我的小院里进行的。因为我是单身汉,我那时吃洋菜。除请了一个拉东洋车的外,还请了一个西式厨师。"星(期)六碰头会"吃的咖啡冰激凌,和喝的咖啡,都是我的厨师按我要求的浓度做出来的。除早饭在我自己家吃外,我的中饭、晚饭大

都搬到前院和梁家一起吃。这样的生活维持到"七七事变"为止。抗战以后,一有机会,我就住在他们家。他们在四川时,我去他们家不止一次。有一次我的休息年是在他们李庄的家过的。抗战胜利后,他们住在新林院时,我仍然同住,后来他们搬到胜园院,我才分开。我现在的家庭仍然是梁、金同居。只不过是我虽仍无后,而从诫已失先,这一情况不同而已。

在 30 年代,一天早晨,我正在书房研究,忽然听见天空中男低音声音叫"老金",赶快跑出院子去看,梁思成夫妇都在他们正房的屋顶上。我早知道思成是"梁上君子"。可是,看见他们在不太结实的屋顶上,总觉得不妥当。我说你们给我赶快下来,他们大笑了一阵,不久也就下来了。

爱与喜欢是两种不同的感情或感觉。这二者经常是统一的。不统一的时候也不少,有人说可能还非常之多。爱说的是父母、夫妇、姐妹、兄弟之间比较自然的感情,他们彼此之间也许很喜欢。果然如此的话,那他们既是亲戚又是朋友。我和我的二哥与六哥就是这样。喜欢说的是朋友之间的喜悦,它是朋友之间的感情。我的生活差不多完全是朋友之间的生活。我差不多不到长沙去,到上海去有一两次,住在二哥家里,但主要是在徐家或张家,他们是徐志摩的亲戚。我至少是从 1914 年起就脱离了亲戚的生活,进入了朋友的生活,直到现在仍然如此。1932 年到 1939 年我同梁家住在北总布胡同,我同梁从诫现在住在一起,也就是北总布胡同的继续。

>>> 1928年,梁思成与林徽因在加拿大拍摄的结婚照。

第六节

最老的朋友张奚若

我的最老的朋友是张奚若。我在 1914 年就碰见他,不过那时只是碰见而已。认识他是在 1917 年的下半年开始的,那时我转入了纽约的哥伦比亚大学。他一直在哥大学政治。从 1917 年下半年起我们是同学,就西方的政治思想史说,我们也是同班。他无意取学位,但是写了一篇很好的《主权论沿革》。

张奚若家没有什么大矛盾,可是有长期的小摩擦。他同杨景任的结合是新式的结合,他有过旧式的结合。所谓"旧式的结合"是把彼此不认识的双方经媒人说合成婚。张奚若的头一次结婚是怎样了的,我不知道。杨景任在苏格兰大学毕业,他们是在苏格兰结婚的。结婚后,到了巴黎,我才看见他们。这个结合是自由式的。张奚若头脑里想的可能是两个人都是知识分子。他发现杨景任不是"知识分子",假如所谓"知识分子"是用知识去办大事,像他自己那样。杨景任不是他那样的知识分子,她是英、美人所说的 Womanly woman（女子女子），这实在是封建社会遗留下来的社会性。要看她这一方面的性格，最好是听她同萧叔玉太太的谈话，两人都争分夺秒地谈，由赵、钱、孙、李到黄焖鸡到红烧肉。杨景任这一方面的性格虽然突出，然而她总是支持张奚若的。从昆明搬家回北京一事，由她一人承担，显然是勇于负责的事。

张奚若这个人，王蒂澂女士（周培源夫人）曾说过，"完全是四方的"。我同意这个说法。四方形的角很尖，碰上了角，当然是很不好受的。可是，这个四方形的四边是非常之广泛，又非常之和蔼可亲的。同时，他既是一个外洋留学生，又是一个保存了中国风格的学者。他的文章确实太少了。我只知道一篇《主权论沿革》，登在《政治学报》月刊或季刊上。这个刊物只出了一期。据我的记忆，经手这件事的是奚若的夫人、前不久才去世的杨景任女士。那时候她在上海读书。以后没有多久，她也到苏格兰念书去了。

张奚若的主要点是民主革命，至少开头是这样。他曾同我说过，"孙中山的演说，你听着听着就跟了他走下去了"。这大概是在上海的时候。那时候，胡适也在上海，懂得一些英文，可能帮助过张奚若学英文，胡适一直说张奚若是他的学生。而张奚若并不承认。他的英文也不是从胡适那里学的，同盟会中帮助他英文的人可能不少。

霧峯堂

>> > 金岳霖最老的朋友是张奚若。图为20世纪30年代,金岳霖(右四)与张奚若(右一)等人在清华大学。

他是作为革命的青年到美国去的,同去的人有王夏将军。他确实得到扎实的书本知识,但是,忽略了和美国人,特别是美国家庭交朋友,有些事情,他未免就用家乡的老办法去办。例如要裁缝给他做一身新衣服(美国的低收入的人不缝衣服,买衣服)。裁缝做的不合身,奚若要他改,他也不改。奚若同我到店里之后,裁缝仍不肯改。我说,"找我们的律师去",旁边有一个人听了就说,"哪里不合身,让我看看"。他看了之后,说"这确实应该改,也容易改"。问题在于"我们的律师"。这表示中国学生是有法律顾问的,不只是临时找律师而已。

从那个时候起,奚若认为我是一个"有办法"的人。这样一个"认为"维持了相当长的时期。到了昆明之后,才打住了。

有一天傍晚,约6点钟光景,年轻小伙子唐二哥来了。这里说的是昆明。他说他早就到了西南联大广场,张伯伯已经在那里讲演。他站在那里听,他说张伯伯要求蒋介石辞职。这是我离开上海之后,头一条好消息。我可惭愧不堪,我不知道奚若要走如此重要的政治上的一步。真是对不起朋友。后来我要唐二哥到奚若家里去了次,我很高兴唐二哥得到了大后方的政治气氛。

30年代中期,送张奚若回西安,我写了一篇游戏文章:

> 敬启者朝邑亦农公奚若先生不日云游关内,同人等忝列向墙,泽润于"三点之教"者①数十礼拜于兹矣。虽鼷鼠饮

---

① 张奚若讲话总喜欢说:"我要讲三点……"金先生跟他开玩笑,称他为"三点之教"者。

>>> 张奚若的主要点是民主革命,至少开头是这样。图为1947年7月20日,在清华大学礼堂举办的闻一多死难周年纪念会后,张奚若(右五)与吴晗(右六)、朱自清(右三)等人在一起。

金岳霖

>>> 张奚若认为金岳霖是一个"有办法"的人,这样一个"认为"维持了相当长的时期,到了昆明之后,才打住了。图为张奚若与钱端升(右一)在昆明。

河不过满腹,而醍醐灌顶泽及终生,幸师道之有承,勿高飞而远引,望长安于日下,怅离别于来兹。不有酬觞之私,无以答饮水思源之意,若无欢送之集,何以表崇德报恩之心。兹择于星期六下午4时假座湖南饭店开欢送大会,凡我同门,届时惠临为盼。

  门生杨景任

  再门生陶孟和、沈性仁,梁思成、林徽因,陈岱孙,邓叔存,金岳霖启

>>> 20世纪30年代中期,送张奚若回西安,金岳霖写了一篇游戏文章。

第七节
我和钱端升家常来往

钱端升先生也是多年的老朋友了,不过他同我是否常见面是要分阶段的。他有时是北大的,有时是清华的,有时又是南京中央大学的。我到南京开哲学评论会,就住在他家。那时他在中央大学教书。在西南联大时,他是属于北大的,我们又在一块了。

西南联大时,梁家和钱家都住在昆明东北郊的龙头村。我先住在梁家;梁家走后,住在钱家。幸而是住在钱家。1943年美国开始约请大学教授到美国去讲学或休息。我有一个幻想,想请在美国发了大财的湖南同乡李国钦先生捐十万美金帮西南联大买补药(即现在的维生素)。所以我要到美国去。那时候要到美国去是要通过许多关卡的,钱先生也大力地帮助了我过关卡。也许因为我就住在他家,我从来没有谢过他。只得在回忆中谢谢他。

金岳霖

>>> 在西南联大时,钱端升是属于北大的,金岳霖和他又在一块了。这时,梁家和钱家都住在昆明东北郊的龙头村。金岳霖先住在梁家,梁家走后住在钱家。图为当年的陈端升。

李国钦先生是我年轻时有些来往的朋友,并不是交情很深的。到美国去找他捐十万美金的大款,本来就是异想天开的事。可是,到纽约后,我仍然去找了他。他只笑了一笑说:"哪里能有这样的事。"他还是客客气气请我到他的乡间别墅去吃了一次饭。以后我也没有再看见他。可能他早已作古,不然一定也会回国观光的。

钱端升和陈公蕙在结婚酝酿过程中出了一点小岔子,陈公蕙突然到天津去了。钱端升请求梁思成开汽车追。汽车中除梁思成、林徽因外,也有我。还好,到天津后,陈公蕙还在天津。陈、钱和好了,他俩一同到上海去结婚了。汽车回来时我还参观了梁思成早已发现的古寺观音阁(即蓟县独乐寺)。这个寺的建筑规模宏大美观,不愧为古建筑师的伟大作品,不怪梁思成那么热爱它。

在西南联大时期,钱、梁两家都在昆明东北乡间盖了房子,房子当然非常简便,木头架子竹片墙壁。目的只是不逃警报而已。

男女分工是女的做饭,男的倒马桶。我无事可做,有时也旁听一些倒马桶的精义。女的做饭的成绩惊人。林徽因本来是不进厨房的人。有一次在几个欧亚航空公司的人跑警报到龙头村时,林徽因炒了一盘荸荠和鸡丁,或者是菱角和鸡丁。只有鸡是自己家里的,新成分一定是跑警报的人带来的。这盘菜非常之好吃,尽管它是临时凑合起来的。

>>> 林徽因本来是不进厨房的人,有一次在跑警报到龙头村时,她炒了一盘菜,这盘菜却非常好吃。图为林徽因和冰心(右二)在美国时一起野餐。

做饭的成绩特别好的是陈公蕙,她是能够做大件菜的。新近住医院时还吃了她的红烧鱼。她做的白斩鸡非常之好吃,把鸡在香油姜丁里蘸一下,味道就特别好了。她还告诉过我,到市场上买母鸡,应该注意些什么。我还是不能照办。我年轻时虽然买过养着玩的大黑狼山鸡,从来没有买过预备吃的鸡。公蕙的特别小品是她的煮鸡蛋。煮出来的鸡蛋,就蛋白说,有似豆腐脑;就蛋黄说,它既不是液体,因为它不流,也不完全是固体,因为它不硬。看着是一个小红球;吃起来,其味之美,无与伦比。

上面谈的是副食品,主食也有很讲究的。张奚若家有时可以吃到绿面条。这东西是美味。面条是绿色的,里面有菠菜汁,面揉得很紧,煮的时间也不长。因此吃起来有嚼头,要用牙齿咬着吃,吃起来配上一两大勺肉末,味道美得很。

>>> 做饭的成绩特别好的是陈公蕙,她是能够做大件菜的。图为钱端升、陈公蕙夫妻与孩子在昆明。

第八节
周培源、王蒂澂要同时写

我的时代已经进入通家时代。所谓朋友,十之八九是男女都是朋友。对于好些朋友,我是分别回忆的,对周培源、王蒂澂要同时写。王蒂澂女士是吉林人,对马天人的斗争中,锻炼出相当突出的机智与灵活。周先生是很好的物理学家,在清华他很快就当上了行政人员,我想好些人觉得可惜。王女士不只是觉得可惜而已。她知道周先生不笨,学问很好。但是,是不是太"傻"了一点呢?王本人是否真有此思想我不知道,我认为她有。根据这一看法,我就解释说,这不是傻,是急公好义。学校有要紧事,总是周公出来办理,他总是从保护学校方面出来办的;这是出于公,不是私。王蒂澂知道有人有此看法,也就不太当心了。

>>> 周培源曾担任北京大学校长,周培源夫妇是金岳霖的老朋友。图为周培源夫妇及孩子与友人夫妇及孩子在一起。

金岳霖

>>> 到了抗战快要胜利的时候,金岳霖他们五个人住在昆明北门街唐家家庭戏园的后楼上。其他四个人是朱自清、李继侗、陈岱孙、陈福田。图为朱自清(右四)与闻一多(右二)、王力(右一)等人在昆明西南联大。

第九节
陈岱孙很能办事

哲学所从前有一位青年同事曾大声说:"我发现知识分子不能办事。"我没有多少知识,可是,早已被安排在知识分子之内,而我又什么事情都不能办,就证实了他的话。但是,还是要承认有非常之能办事的知识分子,陈岱孙先生就是这样一个。

我最早认识他是我们都住在清华学务处的时候。梅校长南下,委托他代理校事。有一天我发现我没有手纸了,只好向他求救,给他写的条子如下:

> 伏以台端坐镇,校长无此顾之忧,留守得人,同事感追随之便。兹有求者,我没有黄草纸了。请赐一张,交由刘顺带到厕所,鄙人到那里坐殿去也。

陈先生不久搬到北院七号同叶企孙先生同居。他们虽单身,可是有条件办伙食。

金岳霖

>>> 金岳霖最早认识陈岱孙是他们都住在清华学务处的时候。梅贻琦校长南下,委托他代理校事。他不久搬到北院七号同叶企孙同住单身宿舍。他们虽单身,可是有条件办伙食。图为那时的陈岱孙(右三)同梅贻琦(右一)、叶企孙(右四)、冯友兰在清华大学。

张奚若同我都在那里包饭，这样我们也有了一个落脚点。这个办法维持了相当长的时间，可能在"七七事变"以前一个时期才解散了。

陈岱孙先生也是"星（期）六碰头会"成员之一。认识了这样长久的老朋友，他能办事，并且能办大事，我连一点影子都没有。怪事！

到了抗战快要胜利的时候，我们五个人住在昆明北门街唐家家庭戏园的后楼上。这五个人是朱自清、李继侗、陈岱孙、陈福田、金岳霖。那时虽有教学，很少科研，经常吵吵闹闹。对陈岱孙先生，我可以说更熟了，但是，我仍然不知道他能办事。可是梅校长知道，他知道陈岱孙先生能办事，所以在大家回到清华园以前，他派陈先生回北京做恢复清华园的麻烦工作。

清华校园受到日帝军队的破坏，糟蹋得不像样。教员的宿舍也成为养马房子。陈岱孙先生居然在短期内把清华校园收拾到原先一样，重办大学。这就说明，真的知识分子是可以做工作的，可以办事的。

陈岱孙是能够办事的知识分子。

>>> 1939年,金岳霖(右三)与陈岱孙(右六)、周培源、梁思成、林徽因等

第十节
渊博正直的陈寅恪

陈寅恪先生,我在纽约见过,没有谈什么。后来到柏林,见过好几次。看样子,他也是怕冷的。我问他是如何御寒的。他说他有件貂皮背心,冬天里从来不脱。他告诉我说,前一天有一件很特别的事,一个荷兰人找他,来了之后又不说话,坐了好一会儿才说"孔夫子是一个伟大的人物"。陈先生连忙说"Ja Ja Ja"。这位先生站起来敬个礼,然后就离开了。

寅恪先生的学问我不懂,看来确实渊博得很。有一天我到他那里去,有一个学生来找他,问一个材料。他说,你到图书馆去借某一本书,翻到某一页,那一页的页底有一个注,注里把所有你需要的材料都列举出来了,你把它抄下,按照线索去找其余的材料。寅恪先生记忆力之强,确实少见。

我有好几次利用了"东西、春秋"四个字在中文里的特别用

金岳霖

>> > 金岳霖在纽约见过陈寅恪,但没有谈什么,后来到柏林见过好几次。图为陈寅恪1936年写赠吴宓的《吴氏园海棠二首》。

二夫氏园海棠二首 陈寅恪

其一 乙亥 1935

此生遗恨塞乾坤 照眼云园更断魂
蜀道移根铺绣颊 吴贩流眄
伴黄昏 习苦者祇博来怜望
海涯温往梦痕
外来知海棠欲折繁枝倍惆怅
之数是也 天涯心赏几人存

其二 丙子 1936

无风无雨送残春 一角园林独怆神
客中岂汉史早讯 今日事看花犹

法。这不是我自己想出来的。这是寅恪先生教给我的,当然他教时,材料丰富得多,涉及宋朝语言方面的历史。我对于历史没有什么兴趣,历史上重要的东西反而忘记了。

抗战时,他不在昆明的时候多。有一短时期他也来了,当然也碰上了日本帝国主义的轰炸。离郊区不远的地方,有些人在院子里挖了一个坑,上面盖上一块很厚的木板,人则进入坑内。寅恪看来也是喜欢作对联的,他作了"见机而作,入土为安"的对联。

不久以后,他好像是到英国去了一次。

寅恪先生不只是学问渊博而已,而且也是坚持正义、勇于斗争的人。清华那时有一个研究院,研究中国的古史。院里主要有王国维、梁启超、陈寅恪,也有一位年轻人李济之。前些时他还在台湾,现在是否也已作古,我不知道。看来当时校长曹云祥对梁启超有不正确的看法或想法,或不久要执行的办法。陈寅恪知道了。在一次教授会上,陈先生表示了他站在梁启超一边,反对曹云祥。他当面要求曹云祥辞职。曹不久也辞职了,好像外交部派校长的办法不久也改了。

解放后,寅恪先生在广州中山大学教书。郭老(即郭沫若)曾去拜访过他。郭老回到北京后,我曾问他谈了些什么学术问题。郭老说,谈了李白,也谈了巴尔喀什湖。这在当时一定有相当重要的意义。我不知道而已,也不好问。无论如何,两个国故方面的权威学者终于会见了。这是最好不过的事体。

郭老还把他们凑出来的对联给我,对联并不好。郭老扯了一张纸写了出来给我。我摆在裤子后面的小口袋里。有一次得胃溃疡,换衣裤进医院,就此丢失了。

>>> 陈寅恪早年为清华国学研究院"四大导师"之一,其学问被誉为"近三百年来一人而已"。金岳霖曾向他学到很多东西。图为清华国学研究院"四大导师"梁启超(右四)、王国维(右二)、陈寅恪(右一)、赵元任(右三)的塑像。

金岳霖

>>> 郭沫若还把他跟陈寅恪凑出来的对联给金岳霖,他是扯了一张纸写出来的。图为1948年郭沫若(右十一)在丹东与知识界民主人士在一起。

第十一节
陶孟和领我吃西餐

陶孟和先生是我的老朋友,后来在四川李庄同我发生了矛盾。但是,那是个人之间的小事,作为有大影响的知识分子,他是为当时的人所钦佩,也是应该为后世的人所纪念的。从他的家庭着想,他是可以当蒋介石王朝的大官的,可是他没有。(我有一次在南京,疑心他要做南京的官了,因为他住的地方真是讲究得很。可等待了好久,他仍然没有做南京的大官,我疑心错了。)他的思想偏"左",不是旧民主主义者,也不是共产党人。他的政治思想可能最近社会民主,但是也没有这方面的活动。

陶孟和在北京长住在北新桥,他的电话是东局56号,房子号码不记得了。这所房子很特别,南北两头是房子,中间是一个大花园。花可能主要是海棠、丁香。北屋是中国式的,南屋是北京特有的早期西式的房子,它本身似乎没有什么可取的地方。

>>> 陶孟和是金岳霖的老朋友,后来在四川李庄同金岳霖发生了矛盾,但那是个人之间的小事,作为有大影响的知识分子,陶孟和是为当时的人所钦佩,也是应该为后世的人所纪念的。图为陶孟和与科学工作者在一起。

整个房子的布局很特别,我觉得应该保存,也可以用此来纪念陶先生。

陶孟和也是介绍我在北京吃西餐的人。那时候,有不少的人在前门外京汉路终点站(简称西站)吃西餐。孟和领我到那里吃过饭,那里的西餐似乎还可以。另有大的西餐馆,似乎叫撷英番菜馆,菜只是中菜西吃而已,似乎无此必要。

第十二节
黄子通最得意董其昌的画

我在清华教书不是一、三、五的课,就是二、四、六的课。我总是头一天晚上就到了学校,一、三、五居多。遇到这样的时候,我有一段时间总是到燕京大学去找黄子通先生。我们虽然都是教哲学的,然而谈的不是哲学。他有些中国山水画,其中有一张谢时臣。他自己最得意的是董其昌。我喜欢的是谢时臣,有机会就要去看看它。因此,我同黄先生也成了朋友。

可是,黄先生同燕京大学的权威们打了一架,走了,到湖南大学去了。在燕京接替他的是张东荪。

>>> 黄子通曾任教于北京大学,20世纪50年代参加《毛泽东选集》的英译工作。金岳霖常到黄子通那里看他收藏的一幅谢时臣的画,而黄子通喜欢的却是董其昌的画。图为20世纪50年代,黄子通(右四)与北京大学汤用彤(右二)、冯友兰(右一)等人在研讨。

第十三节

我与张东荪的好与不愉快

我同张东荪的关系,一部分是好的,另一部分是不愉快的。

先说不愉快的部分。殷福生是当时要学逻辑的青年,写信给我要学这门学问。我问张东荪,有什么青年可以做的事,得点钱过过日子。他说那好办。我就让殷福生到北京来了。来了之后,张东荪说没有事给殷做。我只好维持殷的生活,多少时候,现在忘了。

另一件对我来说是极好的事。我加入民盟是张东荪安排或帮助安排的。以后我会有一段讲民盟帮助思想改造的特别作用。对我来说,那是极其有益,也是极其愉快的。这我应该感谢他。

这个人是一个"玩政治"的。这里所谓"政治"和我们现在所了解的政治完全是两件事。

金岳霖

>>> 张东荪曾任北京大学教授,1921年参加上海共产主义小组会议,后加入民盟。金岳霖与他的关系一部分是好的,另一部分是不愉快的。图为张东荪一家在北京大学。

"玩政治"究竟是怎样玩的,我也说不清楚,也不必知道。看来,在不同实力、地位之间,观情察势,狠抓机会……是"玩政治"的特点。林宰平先生曾同我说过,"东荪太爱变了,并且变动得可快"。

>>> 林宰平曾同金岳霖说过,"东荪太爱变了,并且变动得可快"。图为张东荪等人新中国成立前在燕京大学。

第十四节

儒者林宰平

林宰平先生是一个了不起的中国读书人,我认为他是一个我遇见的唯一的儒者或儒人。他非常之和蔼可亲,我虽然见过他严峻,可从来没有见过恶言厉色。他对《哲学评论》的帮助可大,这个"评论"要靠自己的言论过日子是不可能的,宰平先生背后有尚志学社基金,维持《哲学评论》的存在主要靠宰平先生。

我的《论道》那本书印出后,如石沉大海。唯一表示意见的是宰平先生。他不赞成,认为中国哲学不是旧瓶,更无需洋酒,更不是一个形式逻辑体系。他自己当然没有说,可是按照他的生活看待,他仍然是极力要成为一个新时代的儒家。

《哲学评论》时代,他一直是鼓励我的写作的。我一直也以他为长者看待。他过去时,我曾私作以下挽联:

>>> 林宰平早年留学日本,曾在北京大学、清华大学任教。金岳霖认为林宰平是了不起的中国读书人,也是自己遇到的唯一的儒者。图为林宰平的著作。

人患不知毋过既知之不能改是尝勇也余生三十而立八十年叹日之短去日

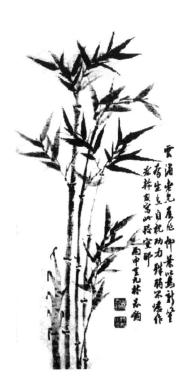

攻读鹄形,空添马齿;

氍氀鹤翅,有愧羊公。

能用与否,不敢自信,未写出送出。

第十五节
最雅的朋友邓叔存

邓叔存先生也是"星(期)六碰头会"的参加者。他参加的方式和张奚若、梁思成、陶孟和的方式不同,这三家都是男女一起参加的,邓先生只是单独地参加而已。原因是他家仍然维持了男女分别活动的原则。"星(期)六碰头会"谈话的内容,除每次开始时有一小段时候谈谈政治情况外,主要的是谈美术,有时邓先生还拿一两张山水画来。他不只是欣赏美术而已,而且是美术家。他的字可写得好,特别是篆体字;他也能画。在一篇哲学论文里,我说"火炉一砌,老朋友的画就挂上了",这里说的画就是叔存先生的画。

叔存是我们朋友中最雅的。雅作为一个性质,有点像颜色一样,是很容易直接感受到的。例如"红",就我个人说,我就是喜欢,特别是枣红、赭红。雅有和颜色类似的直接呈现的特点,

金岳霖

>>> 金岳霖认为,邓以蛰是自己最雅的朋友。图为20世纪50年代初,清华大学哲学系欢送毕业生,金岳霖与邓以蛰(后右六)、冯友兰(后右四)、张岱年(后右九)于胜因院金岳霖家门口合影。

一下子就抓住了。可是,雅的本质是什么,我们大都不知道,我个人就是不知道。愈追本质,我愈糊涂。

"红"那样的问题,自然科学家解决了它的本质问题。"雅"的问题,他们大概不会过问。这个问题看来还是要靠社会科学方面的或文学艺术方面的先生们来解决。

叔存去世了,我曾作挽联如下:

霜露葭苍,宛在澄波千顷水;
屋深月满,依稀薜荔百年人。

但是没有写出,更没有送出。

>>> 邓以蛰曾任北京大学教授,与宗白华有"南宗北邓"之称。他是"两弹元勋"邓稼先的父亲。邓以蛰去世后金岳霖曾作挽联如下:"霜露葭苍,宛在澄波千顷水;屋深月满,依稀薜荔百年人。"图为20世纪50年代,邓以蛰(右一)和北京大学冯友兰(右五)、宗白华(右十)等人与苏联专家在北京大学未名湖畔。

第十六节
嗜好历史的黄子卿

黄子卿先生不久前过去了,我失去老友很悲哀。他的身世我不太清楚,只知道他和我有类似的情况。我原籍浙江,老家在湖南做官,说话仍带湖南音,他可能比我更厉害一点。他原籍广东梅县,可是,说一口的湖南话。在我们住在唐家家庭戏园后楼的时候,他到楼上来谈话的时候特别多,谈的常常是秦皇、汉武,特别是汉武。对秦皇,可能只是对他统一中国有大功,得到"车同轨、书同文"的局面。对汉武则有点崇拜英雄的味道。他好像曾说过汉武时中国版图同清康熙全盛时期的同样大。这可不是一句容易说的话,这涉及古地理学。显然,他下了许多工夫才得出这一结论来。我好像不大容易同意这一论点,也没有理由反对这一论点。无论如何,历史是子卿先生的嗜好,不是他的职业。

>>> 黄子卿曾长期执教于北京大学、清华大学。金岳霖在西南联大时,同他同住在唐家家庭戏楼后院,他们的谈话特别多。图为1963年,黄子卿(右七)在北京大学燕南园与同学在一起。

祖宗留给我们宝贵的遗产中有"车同轨、书同文"这样的好事。"车同轨"可能是整个的好事；"书同文"应该说是一半好事，另一半是字，而字不同音。从前看见药铺里挂着油漆得很讲究的木匾，上面刻着"屈成士……"这匾我就不懂了。经解释后才知道这是广东人用广东音翻译过来的译音写出来的匾。书虽同文，字音不同，仍有隔阂。有些笑话，并不是各省的人都能懂的。

第十七节
我不大懂胡适

我认识的人不多,当中有些还是应该研究研究。胡适就是其中之一。我不大懂他。我想,他总是一个有很多中国历史知识的人,不然的话,他不可能在那时候的北大教中国哲学史。顾颉刚和傅斯年这样的学生,都是不大容易应付的。

这位先生我确实不懂。我认识他很早的时候,有一天他来找我,具体的事忘了。我们谈到 necessary 时,他说:"根本就没有什么必需的或必然的事要做。"我说:"这才怪,有事实上的必然,有心理上的必然,有理论上的必然……"我确实认为他一定有毛病,他是搞哲学的呀!

还有一次,是在我写了那篇《论手术论》之后。谈到我的文章,他说他不懂抽象的东西。

这也是怪事,他是哲学史教授呀!

>>> 1948年,金岳霖与胡适一同当选为中央研究院第一届院士。图为胡适(前右四)等中央研究院院士在一起。

哲学中本来是有世界观和人生观的。我回想起来，胡适是有人生观，可是，没有什么世界观的。看来对于宇宙、时空、无极、太极……这样一些问题，他根本不去想；看来，他头脑里也没有本体论和认识论或知识论方面的问题。他的哲学仅仅是人生哲学。对这个哲学的评价不是我的回忆问题。

按照我的记忆，胡绳同志告诉我说，他和毛主席曾谈到世界观和人生观的问题。毛主席说对资产阶级，这二者是有分别的；对无产阶级，情况不同。无产阶级从自在的阶级转变为自为的阶级以后，世界观就是它的人生观，它没有独立于革命的世界观的人生观了。这是很重要的指导思想，现在也仍然是。

1944年，赵元任、杨步伟、饶树人同我都在纽约胡适家里，讨论胡适到哈佛大学讲学的事。赵主张胡租住一所有设备并可找临时厨师的房子，为期三个月。胡适说三个月不到。赵说，那就找一个人顶替房子。我说，这样一个人不好找。赵问为什么？我说，一个人总要替自己打算一番。赵说"替自己打算为什么不行"。我说："他大概会认为太……"说到这里，我做难说姿态。赵追问"太"什么？我说："太伊于胡底了呀！"我们四个人都大笑。赵笑得特别厉害，说好得很，完全是临时想出来的。胡适没有笑。

在国外留学，写中国题目论文的始作俑者很可能是胡适。他写的博士论文好像是《在中国的逻辑发展史》[①]。在论文考试

[①] 胡适的博士论文题目是《中国古代哲学方法之进化史》。1992年由上海亚东图书馆刊行的英文本底稿的标题是 The Development of the Logical Method in Ancient China，并有中文标题《先秦名学史》。1983年上海学林出版社以《先秦名学史》书名出版了中译本。

>>> 哲学中本来是有世界观和人生观的,胡适是有人生观,可是,没有什么世界观的。图为1948年,胡适(前排右六)出席泰戈尔绘画展时,与徐悲鸿(前排右五)、季羡林(前排右十二)、朱光潜(前排右十)等人在一起。

>>> 1944年,赵元任、饶树人和金岳霖都在纽约胡适家里,讨论胡适到哈佛大学讲学的事。金岳霖说了一句,赵元任笑得特别厉害,说好得很,胡适没有笑。图为赵元任(右一)与胡适在美国。

中,学校还请了一位懂中国历史的、不属于哲学系的学者参加。这位学者碰巧是懂天文的,他问胡适:

"中国历史记载是在什么时候开始准确的?"

胡适答不出来。

那位考官先生说:

"《诗经》上的记载'十月之交,朔月辛卯,日有食之',是正确的记载,从天文学上已经得到了证实。"

这个情节是我听来的,不是胡适告诉我的。虽然如此,我认为很可能是真的。

整理者说明

金岳霖(1895—1984),是我国现代著名的哲学家、逻辑学家、一代宗师。他晚年在老朋友的建议下撰写回忆录,每天想到什么写什么,多则几百字,少则几十字,从1981年到1983年断断续续地写了一百个片段,内容涉及与他交往密切的老朋友、个人经历和治学活动,以及生活情趣等等。这些回忆,对于我们了解金岳霖和他同代学者的思想与情趣、了解他们所生活的时代,都十分珍贵,读起来也极为有趣。

为了便于读者阅读,我对一百个片段的内容和顺序做了一些调整,把回忆录分为三个部分四十九段,并在每段前面加了提要式的标题,文中加了少量注释。此外,对个别文字做了订正。

这次出版《金岳霖回忆录》,王炜烨先生在小标题制作和选配照片方面贡献了智慧,付出了辛劳,特致谢意。

刘培育